KB137594

뇌똑똑 퍼즐

여는 글

현대인은 스마트폰, 컴퓨터 등 다양한 디지털 기기를 사용하여 편리하게 생활합니다. 머리를 써서 기억한 정보를 사용하기보다는 인터넷 검색을 하고, 필요한 내용을 저장할 때는 메모를 하기보다는 사진을 찍어 보관합니다. 뇌도 몸과 같아서 사용하지 않으면 기능이 떨어집니다.

두뇌 트레이닝을 하면 뇌 기능이 활발해집니다.

두뇌 트레이닝을 하면 뇌 기능이 활발해집니다

인간의 대뇌는 크게 전두엽, 두정엽, 후두엽, 측두엽 4가지로 나눌 수 있습니다. 그중에서도 가장 중요한 것이 전두엽에 있는 '전두전야'라는 부분입니다. 이 부분에서는 사고, 의사소통, 감정 조절, 의사 결정 등 꼭 필요한 기능을 담당하고 있습니다.

퍼즐 문제를 즐기면서 두뇌 트레이닝을 합시다

이 책은 낱말 맞추기, 시계를 이용한 문제 등 일상생활에서 접하기 쉽고 재미있는 소재를 사용했습니다.

이 책의 퍼즐 문제는 뇌를 활성화하는 데 큰 효과가 있습니다. 뇌의 전두전야는 인간이 인간다운 생활을 하기 위해 필요한 고도의 기능을 하는 뇌에서 가장 중요한 장소입니다.

이 책의 퍼즐로 이곳을 단련하면 '생각하는 힘'과 삶의 활력을 향상할 수 있습니다.

이 책은 언어 기억, 그림 오류 찾기, 숫자 퍼즐 등 다양한 문제를 다룰 수 있도록 구성하였습니다. 또한 쓰기 방식이기 때문에 매일 계속함으로써 뇌가 점점 활성화되어 갑니다.

뇌가 건강한 것은 아침입니다. 하루 일과를 이 책으로 가볍게 시작하는 것도 좋은 방법입니다. 몸을 위한 건강법처럼 뇌에도 건강법이 있습니다. 전두전야를 훈련해 뇌 건강을 지킵시다.

뇌의 구조와 기능

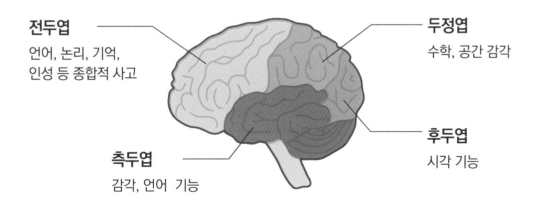

전두엽
언어, 논리, 기억,
인성 등 종합적 사고

두정엽
수학, 공간 감각

측두엽
감각, 언어 기능

후두엽
시각 기능

차례

머리말   2

01 1일~10일   25
사고 퍼즐 | 수리 퍼즐 | 그림 퍼즐 | 스도쿠 퍼즐
단어 퍼즐 | 한글 퍼즐 | 시간 퍼즐 | 공간 퍼즐

02 11일~20일   45
그림 퍼즐 | 한자 퍼즐 | 숫자 퍼즐 | 도형 퍼즐 | 수리 퍼즐
시간 퍼즐 | 단어 퍼즐 | 그림 퍼즐 | 글자 퍼즐

03 21일~30일   65
그림 퍼즐 | 수리 퍼즐 | 한자 퍼즐 | 글자 퍼즐 |
시간 퍼즐 | 성어 퍼즐 | 공간 퍼즐 | 단어 퍼즐

04 31일~40일   85
그림 퍼즐 | 시간 퍼즐 | 수리 퍼즐 | 글자 퍼즐
한자 퍼즐 |미로 퍼즐 | 숫자 퍼즐 | 도형 퍼즐

05 41일~50일   105
시간 퍼즐 | 수리 퍼즐 | 한자 퍼즐 | 그림 퍼즐 |
미로 퍼즐 | 스도쿠 퍼즐 | 글자 퍼즐

06 51일~60일   125
단어 퍼즐 | 스도쿠 퍼즐 | 그림 퍼즐 | 한자 퍼즐 | 숫자 퍼즐 |
수리 퍼즐 | 블록 퍼즐 | 미로 퍼즐 | 속담 퍼즐

해답   126

똑똑, 깨워요.
하루 한 장
가볍게
뇌 운동해요.

 일차 **사고 퍼즐**

Q 어제 먹은 음식을 기억하여 쓰는 활동입니다.
기억하신 후 이야기해 보세요.

하루	어제 먹은 음식
아침	
점심	
저녁	

✻ 먹은 음식을 분류해 보세요.

고기:

생선:

야채:

잡곡:

물:

Q 묶음 세는 단위입니다. 물음에 알맞은 답을 쓰시오.

1️⃣ 고등어 한 손=(   ) 마리

2️⃣ 조기 한 두름=(   ) 마리

3️⃣ 미역 한 뭇=(   ) 장

4️⃣ 바늘 한 쌈=(   ) 개

5️⃣ 기와 한 우리=(   ) 장

6️⃣ 배추 한 접=(   ) 포기

7️⃣ 보약 한 제=(   ) 첩

8️⃣ 인삼 한 채=(   ) 근

9️⃣ 오징어 한 축=(   ) 마리

🔟 북어 한 쾌=(   ) 마리

⑪ 달걀 한 판=(   ) 개

⑫ 종이 한 연=(   ) 장

⑬ 김 한 톳=(   ) 장

⑭ 명주 한 필=(   ) 자

공간 퍼즐

Q 같은 모양으로 그려 보세요.

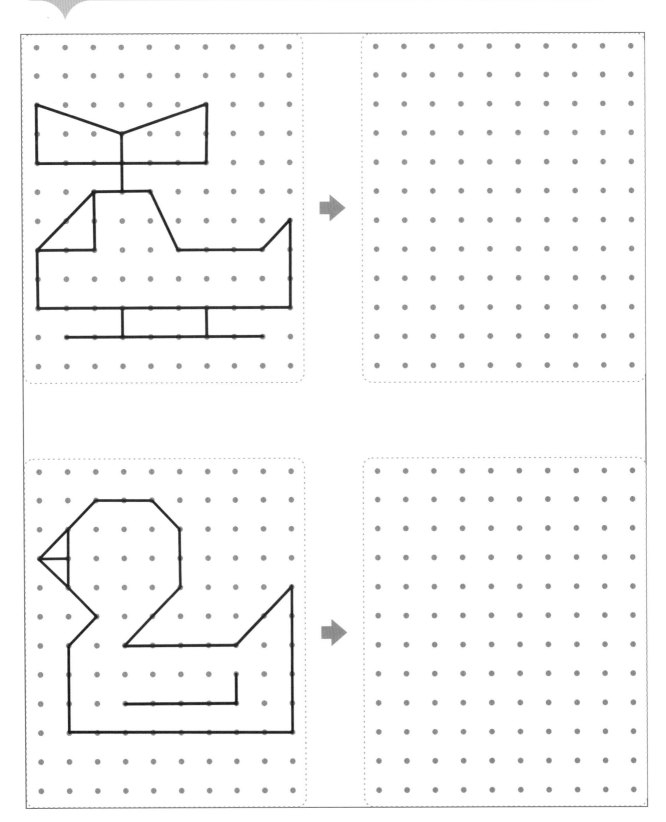

스도쿠 퍼즐

Q 빈칸에 가로, 세로, 대각선 모두에 공을 하나씩 넣어 보시오.

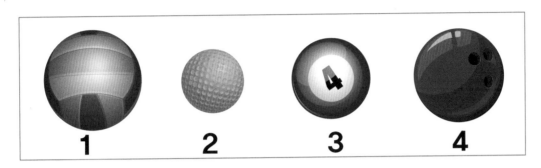

		3	1
3			
2		1	

단어 퍼즐

 우리나라 국경일과 공휴일을 기억해 아래 빈칸에 적으시오.

날짜	국경일과 공휴일
1월 1일	
음력 1월 1일	
3월 1일	
음력 4월 8일	
5월 5일	
6월 6일	
7월 17일	
8월 15일	
음력 8월 15일	
10월 3일	
10월 9일	
12월 25일	

＊제헌절은 **국경일**이지만, 공휴일이 아닙니다.
현충일은 공휴일이지만, **국경일**이 아닙니다.

수리 퍼즐

월   일

Q 빈칸에 알맞은 숫자를 써 넣으시오.

1
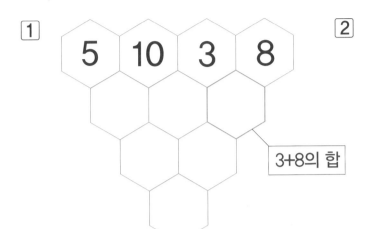

3+8의 합

2
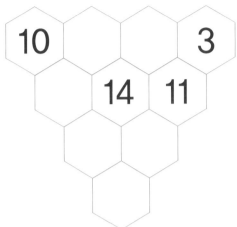

3
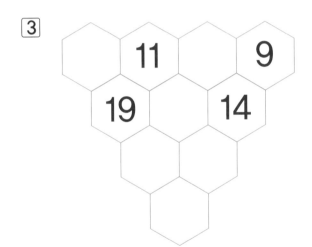

4
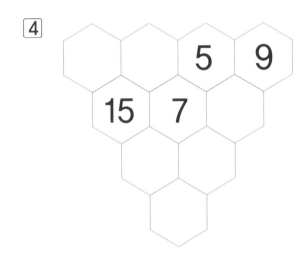

5
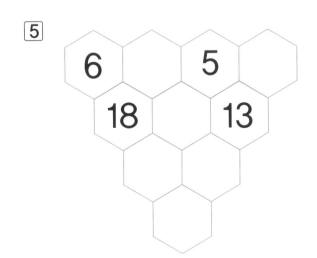

6
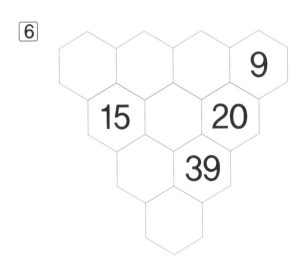

11

단어 퍼즐

Q 단어의 순서를 바르게 적으시오.

왕 세 종 대	⟶	
스 버 드 카	⟶	
비 허 아 수	⟶	
수 장 욕 해	⟶	
일 선 물 생	⟶	
훈 음 정 민	⟶	
강 금 산 수	⟶	
인 파 플 애	⟶	
뚜 미 라 귀	⟶	
대 백 세 시	⟶	

Q ㅓ자를 찾아 ◯표 하시오.

ㅏ	ㅑ	ㅓ	ㅕ	ㅗ	ㅜ	ㅖ	ㅔ	ㅠ	ㅒ
ㅗ	ㅓ	ㅣ	ㅠ	ㅏ	ㅜ	ㅔ	ㅕ	ㅡ	ㅑ
ㅔ	ㅗ	ㅜ	ㅖ	ㅠ	ㅡ	ㅛ	ㅒ	ㅓ	ㅣ
ㅏ	ㅣ	ㅠ	ㅒ	ㅗ	ㅑ	ㅐ	ㅜ	ㅛ	ㅖ
ㅔ	ㅗ	ㅜ	ㅏ	ㅠ	ㅡ	ㅛ	ㅕ	ㅒ	ㅣ
ㅏ	ㅑ	ㅗ	ㅕ	ㅛ	ㅒ	ㅔ	ㅡ	ㅜ	ㅠ
ㅑ	ㅜ	ㅏ	ㅓ	ㅣ	ㅡ	ㅛ	ㅠ	ㅗ	ㅕ
ㅖ	ㅕ	ㅔ	ㅠ	ㅜ	ㅣ	ㅑ	ㅕ	ㅛ	ㅒ
ㅠ	ㅜ	ㅛ	ㅑ	ㅔ	ㅏ	ㅡ	ㅣ	ㅒ	ㅖ
ㅡ	ㅜ	ㅠ	ㅒ	ㅏ	ㅗ	ㅣ	ㅓ	ㅕ	ㅛ
ㅛ	ㅏ	ㅖ	ㅗ	ㅠ	ㅜ	ㅡ	ㅣ	ㅑ	ㅔ

글자 퍼즐

라 3 8 18 17 7

6 22 18 33

바 카 나 24

26 커 21

다 48 차 자

하 5 34 23

20

37 사

25 2 28 4 26

43 파 허 13

14 36

타 10 17 9 31 카

15 마 가

스도쿠 퍼즐

Q 빈칸에 가로, 세로, 대각선 모두에 공을 하나씩 넣어 보시오.

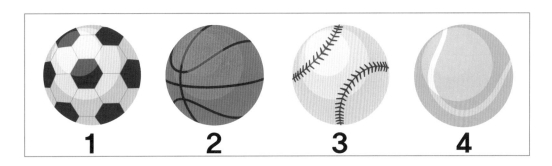

		3	4
4			
	2		
			1

15

단어 퍼즐

속 도 로 고	⟶	
수 풍 리 지	⟶	
사 임 당 신	⟶	
완 동 물 애	⟶	
대 민 국 한	⟶	
공 설 백 주	⟶	
살 루 하 이	⟶	
지 팥 죽 동	⟶	
냉 양 평 면	⟶	
품 재 용 활	⟶	

Q 글자판에서 여름과 관련 있는 단어를 찾아 ◯표 하시오.

모래상자   나비   군고구마   열무김치

해바라기

매미   난로   해수욕장

함박눈   썰매

누룽지   안개

모기향   파라솔

바다   장마

눈사람   한치   연탄

에어콘   진달래   털부츠   장미

샌들   고추잠자리

책상   빙수

빙어   단풍   개나리

민어   방한복

고무신   반바지

모기장   추수   모기   수박

단어 퍼즐

1 교사 경찰관 변호사 사랑 어머니

2 마트 시장 가게 물건 상점 백화점

3 앞 뒤 위 여기 옆 아래

4 하나 열둘 삼십사 다섯 마흔둘

5 이별 슬프다 눈 음악 눈물

6 여기 거기 저기 이곳 그때 그곳

7 사자 늑대 코끼리 상어 박쥐 물소

8 잉어 갈치 넙치 삼치 까치 꽁치 멸치

9 아프다 슬프다 뜨겁다 달다 차갑다

10 화요일 목요일 토요일 일주일 수요일

Q 두 숫자를 더한 수가 10이 넘으면 10을 빼고 남은 숫자를 두 숫자 아래 빈칸에 적으시오.

8	6	1	2	8	4	3	7	9	5

5	8	3	4	9	0	1	5	3	8

7	5	8	6	2	4	1	9	7	3

6	7	3	5	4	9	0	1	6	5

3	9	4	2	1	3	8	5	2	8

수리 퍼즐

Q 수식을 계산하여 맞는 숫자에 연결해 보시오.

$8+10$ •	• ⑰ •	• $18-4$
$18-1$ •	• ⑬ •	• $7+10$
$11+8$ •	• ⑩ •	• $20-2$
$18-8$ •	• ⑱ •	• $9+1$
$9+4$ •	• ⑲ •	• $20-1$
$19-3$ •	• ⑭ •	• $17-4$
$12+2$ •	• ⑯ •	• $9+2$
$31-11$ •	• ⑫ •	• $9+7$
$5+6$ •	• ⑪ •	• $8+4$
$7+5$ •	• ⑳ •	• $12+8$

Q 글자판에서 겨울과 관련 있는 단어를 찾아 ○표 하시오.

모래상자   나비   군고구마   동치미

함박눈

매미   난로   열무김치

썰매

누룽지   억새   안개

허수아비

바다   파라솔   고드름

눈사람   참새   구두

피아노   진달래   털부츠   아카시아

책상   빙수   연탄   고추잠자리

단풍   개나리

빙어   고등어   방한복

목도리

수박   고무신   모기   눈꽃

9 일차 공간 퍼즐

Q 같은 모양으로 그려 보세요.

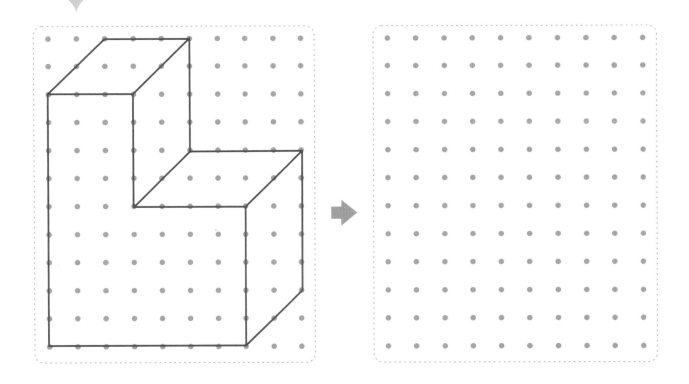

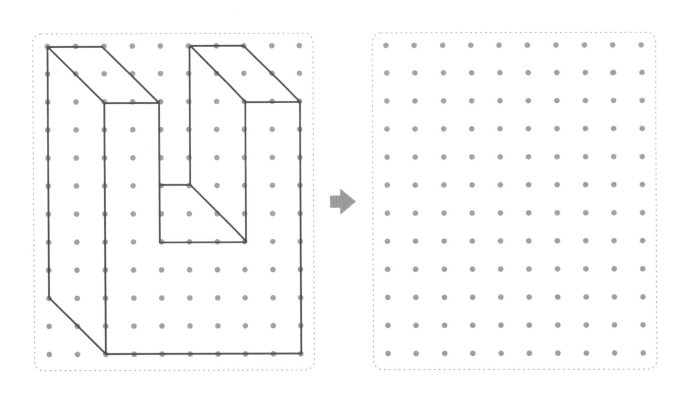

시간 퍼즐

Q 다음 시계를 보고 제시한 시간과 맞는 시계를 찾아 연결하시오.

2시간 45분 후

1 　•　•　

1시간 50분 전

2 　•　•　

5시간 4분 후

3 　•　•　

1시간 43분 전

4 　•　•　

수리 퍼즐

Q 다음 그림의 지폐와 동전을 모두 합하여 계산하면 얼마인가요?

1

 +

| | 원 |

2

 +

| | 원 |

수리 퍼즐

Q 1~15까지의 수 안에서 한 번씩만 사용, 한 줄의 합이 30이 되도록 써 보시오.

1

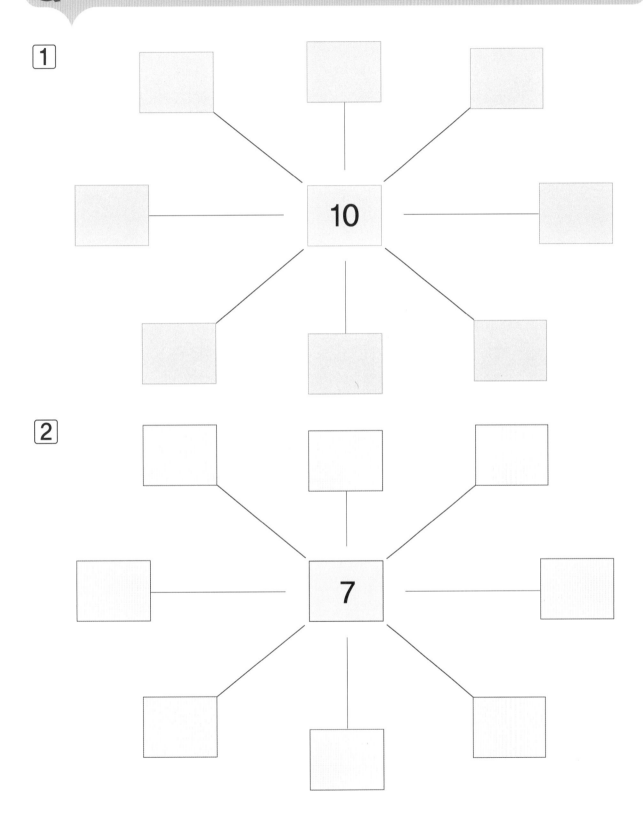

2

그림 퍼즐

Q 나머지 셋과 다른 것을 고르시오.

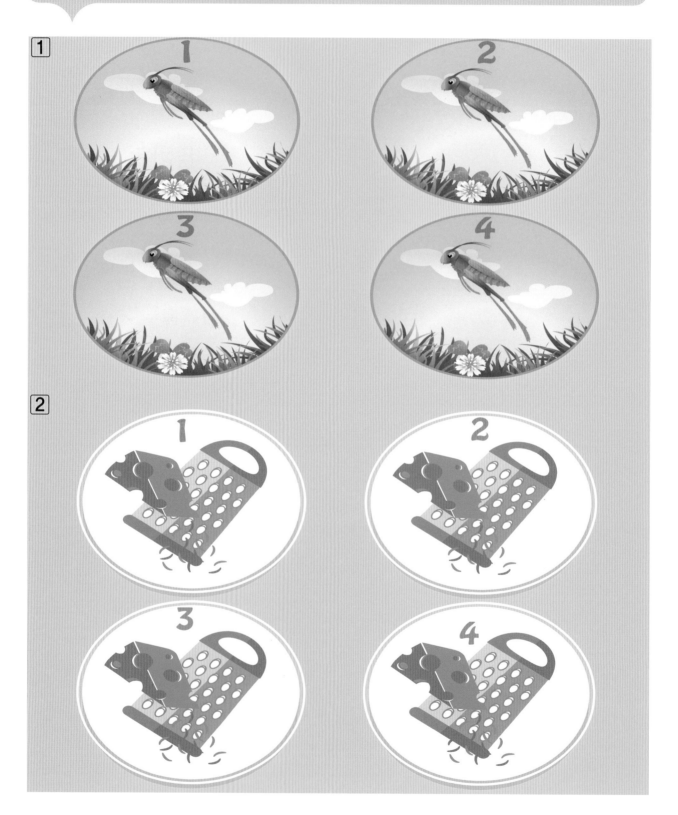

한자 퍼즐

월   일

Q 주어진 사자성어를 바르게 배열하시오.

1
삼 모 사 조

*간사한 꾀로 사람을 농락함

2 四 楚 歌 面
사 초 가 면

*사방이 다 적에게 싸여 도움이 없이 고립됨

3 未 前 踏 人
미 전 답 인

*이제까지의 세상 사람이 누구도 아직 가 보지 못하거나 해 보지 못함

4 顧 廬 三 草
고 려 삼 초

*인재를 맞아들이기 위하여 참을성 있게 노력함

5 晚 器 成 大
만 기 성 대

*크게 될 사람은 늦게 이루어짐을 이르는 말

6 石 一 鳥 二
석 일 조 이

*한 가지의 일로 그 이상의 이득을 얻음을 이르는 말

숫자 퍼즐

Q 같은 숫자 3쌍을 찾아 쓰시오.

53
51
15
4
61

42
59
48
30
21

17
22
35
10
39
46

8
24
50
19

11
31

15
57
26

13
28

21
37

55
35

44
2

Q 주어진 사자성어를 바르게 배열하시오.

1

圖 生 自 各
도   생   자   각

＊사람은 제각기 살아갈 방법을 도모함

2

頭 截 尾 去
두   절   미   거

＊말이나 사건 등의 부차적인 설명은 빼어 버리고 사실의 요점만 말함

3

改 善 過 遷
개   선   과   천

＊지난날의 잘못을 뉘우치고 고쳐 착하게 됨

4

一 三 體 位
일   삼   체   위

＊세 가지의 것이 하나의 목적을 위하여 연관되고 통합되는 일

5

男 甲 女 乙
남   갑   녀   을

＊갑이라는 남자와 을이라는 여자라는 뜻 으로, 평범한 사람들을 이르는 말

6

佳 命 人 薄
가   명   인   박

＊아름다운 여자는 수명이 짧음

도형 퍼즐

Q 조립하면 보기 같은 정육면체가 되는 것은 어느 것일까요?

보기

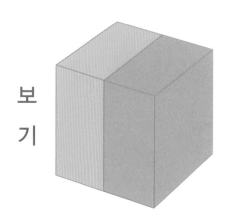

A
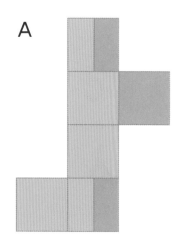

B
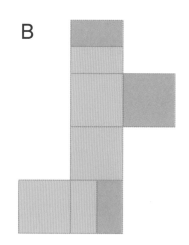

C
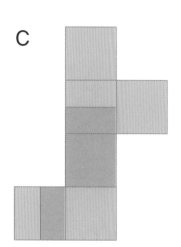

D
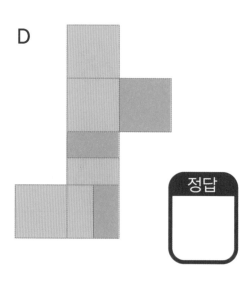

정답

Q 100원에서 1200원까지의 금액이 들어간 공이 있습니다. 세 부분으로 나누어, 모두 같은 금액이 되려면, 어떻게 나누면 좋을까요? 선을 그어 표시하세요.

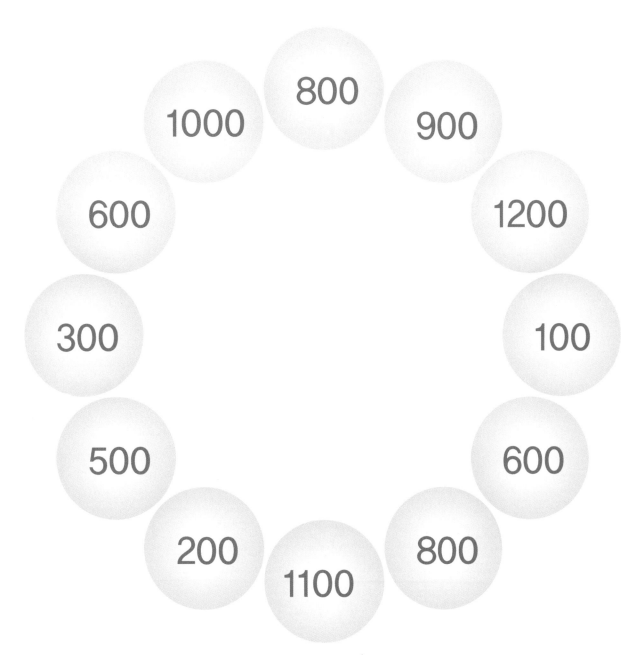

수리 퍼즐

Q 정답이 다른 계산 하나에 ◯표 하고, 그 답을 쓰시오.

1

39+13	34+18	73-21
26×2	13×4	28+24
22+30	76-23	5+47
61-9	67-15	43+9
85-33	29+23	정답

2

11×4	23+21	50-6
78-34	88÷2	85-41
36+8	52-8	12+32
92-48	63-19	31+14
75-31	11+33	정답

Q 보기와 같은 모양을 골라 적으시오.

보기

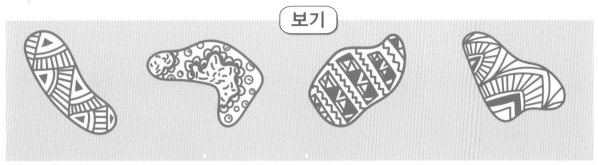

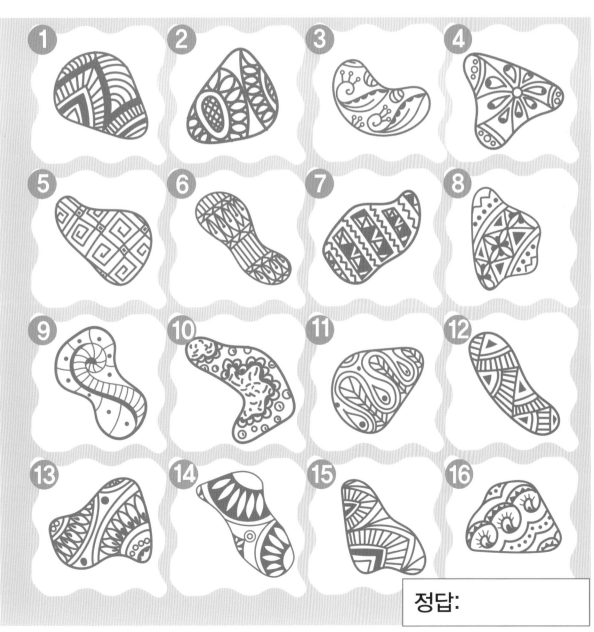

정답:

숫자 퍼즐

Q 같은 숫자 세 쌍을 찾아 쓰시오.

1   12   44   28   10

7   42

5   27   20

40   33

52   39   51

31

16   9   25   29

38

11   14   55   24

27   30

19

22

31   28

41

50

시간 퍼즐

Q 물음에 알맞은 시간을 쓰시오. 시계판에 장침과 단침을 그리시오.

보기

☐1 5시간 24분 후는?

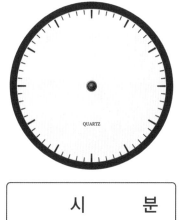

시   분

☐2 17시간 30분 후는?

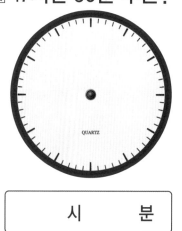

시   분

☐3 3시간 39분 전은?

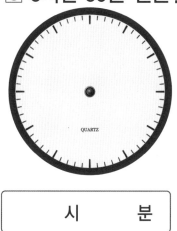

시   분

☐4 22시간 56분 전은?

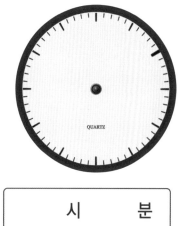

시   분

그림 퍼즐

Q 나머지 셋과 다른 것을 고르시오.

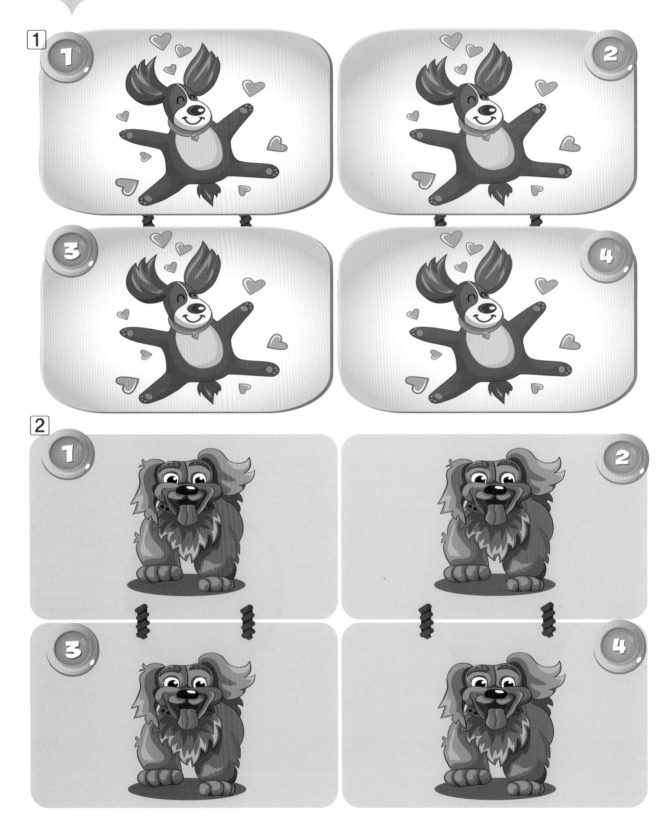

단어 퍼즐

Q 보기의 한자를 넣고 주위의 글자와 단어를 만들어 보세요. 안에서 밖으로,
밖에서 안으로 읽을 수도 있습니다.

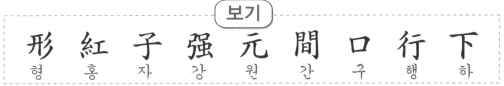

보기

形	紅	子	强	元	間	口	行	下
형	홍	자	강	원	간	구	행	하

1

2

3

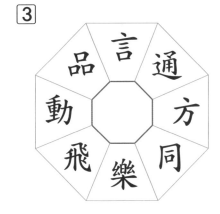

글자 퍼즐

Q 주어진 글자에는 같은 글자가 한 쌍이 있습니다. 그 글자를 찾아보세요.

1

장 팡 졸 팜 정 죵

펠 중 퐝 짐 줄 평

접 엉

잠 징 퐁 폼 파 퍼

잼

쟁 정 펭 팽 펄

2

흥 행 히 하 헐 홈 헝

휴 헬 향

해 효 행

형

호 힝 휴 홍 흉 행

후 휄

홀 황 흘 휠

그림 퍼즐

Q 아래 그림에서, 위의 그림과 다른 것을 10개 찾아보세요.

그림 퍼즐

Q 다음 그림에서 같은 모양 한 쌍을 고르시오.

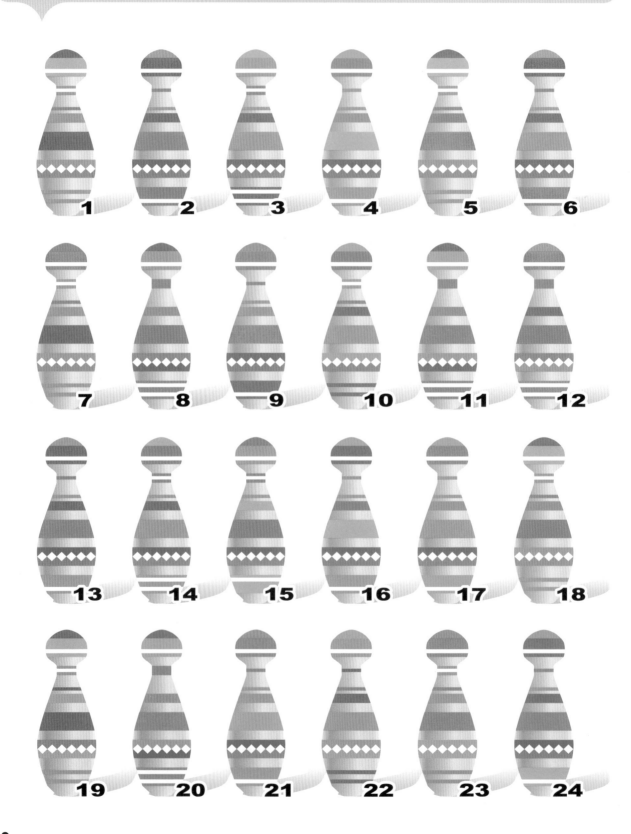

수리 퍼즐

Q 빈칸에 알맞은 숫자를 써 넣으시오.

①

9 8 16

26

9+8의 합

②
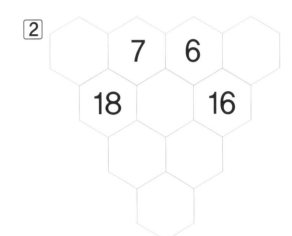

7 6

18 16

③
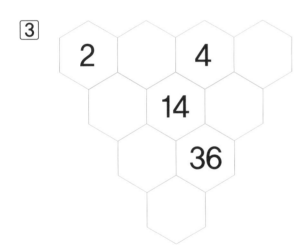

2 4

14

36

④
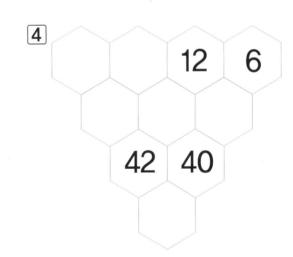

12 6

42 40

⑤
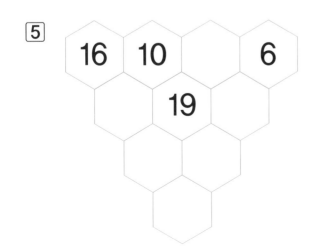

16 10 6

19

⑥
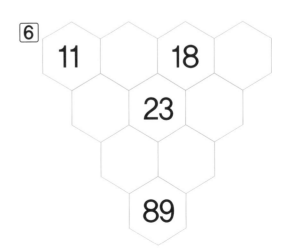

11 18

23

89

41

글자 퍼즐

Q 주어진 글자에는 같은 글자가 한 쌍이 있습니다. 그 글자를 찾아보세요.

1

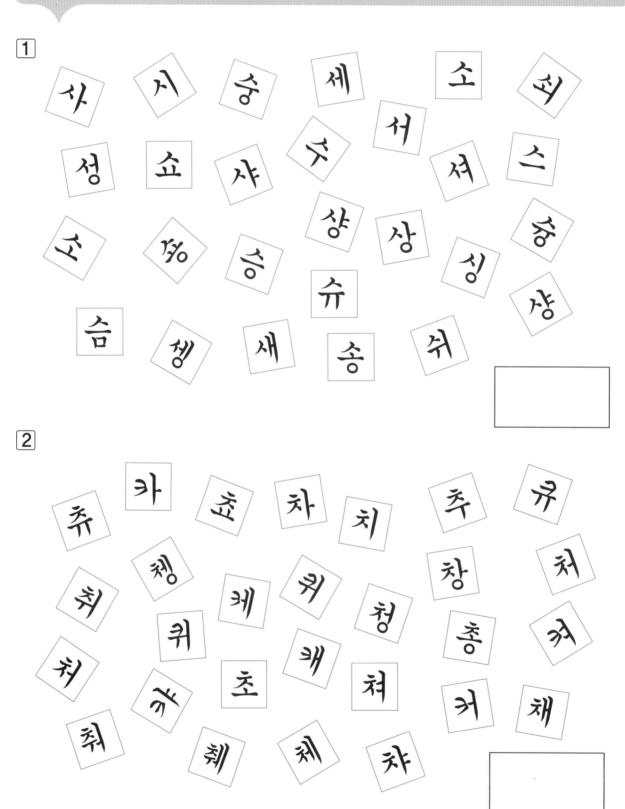

2

Q ①과 ②의 도형에서 삼각형의 수를 각각 세어 보세요.

①

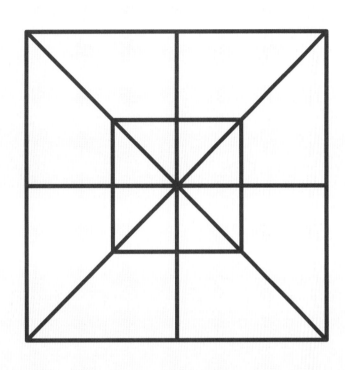

개

②

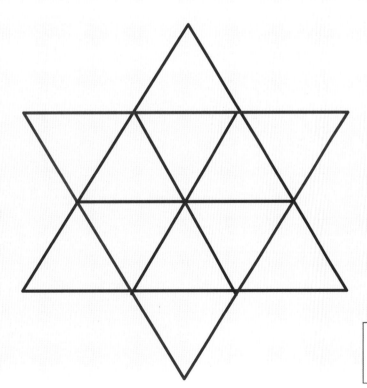

개

글자 퍼즐

Q 다음에서 **ㅋ**를 찾아보세요.

	A	B	C	D	E	F	G	H	I	J	K	L	M	N	O	P	Q	R	S	T	U	V	W	X	Y	Z
1	F	F	F	F	F	F	F	F	F	F	F	F	F	F	F	F	F	F	F	F	F	F	F	F	F	F
2	F	F	F	F	F	F	F	F	F	F	F	F	F	F	F	F	F	F	F	F	F	F	F	F	F	F
3	F	F	F	F	F	F	F	F	F	F	F	F	F	F	F	F	F	F	F	F	F	F	F	F	F	F
4	F	F	F	F	F	F	F	F	F	F	F	F	F	F	F	F	F	F	F	F	F	F	F	F	F	F
5	F	F	F	F	F	F	F	F	F	F	F	F	F	F	F	F	F	F	F	F	F	F	F	F	F	F
6	F	F	F	F	F	F	F	F	F	F	F	F	F	F	F	F	F	F	F	F	F	F	F	F	F	F
7	F	F	F	F	F	F	F	F	F	F	F	F	F	F	F	F	F	F	F	F	F	F	F	F	F	F
8	F	F	F	F	F	F	F	F	F	F	F	F	F	F	F	F	F	F	F	F	F	F	F	F	F	F
9	F	F	F	F	F	F	F	F	F	F	F	F	F	F	F	F	F	F	F	F	F	F	F	F	F	F
10	F	F	F	F	F	F	F	F	F	F	F	F	F	F	F	F	F	F	F	F	F	F	F	F	F	F
11	F	F	F	F	F	F	F	F	F	F	F	F	F	F	F	F	F	F	F	F	F	F	F	F	F	F
12	F	F	F	F	F	F	F	F	F	F	F	F	F	F	F	F	F	F	F	F	F	F	F	F	F	F
13	F	F	F	F	F	F	F	F	F	F	F	F	F	F	F	F	F	F	F	F	F	F	F	F	F	F
14	F	F	F	F	F	F	F	F	F	F	F	F	F	F	F	F	F	F	F	F	F	F	F	F	F	F
15	F	F	F	F	F	F	F	F	F	F	F	F	F	F	F	F	F	F	F	F	F	F	F	F	F	F
16	F	F	F	F	F	F	F	F	F	F	F	F	F	F	F	F	F	F	F	F	F	F	F	F	F	F
17	F	F	F	F	F	F	F	F	F	F	F	F	F	F	F	F	F	F	F	F	F	F	F	F	F	F
18	F	F	F	F	F	F	F	F	F	F	F	F	F	F	F	F	F	F	F	F	F	F	F	F	F	F
19	F	F	F	F	F	F	F	F	F	F	F	F	F	F	F	F	F	F	F	F	F	F	F	F	F	F
20	F	F	F	F	F	F	F	F	F	F	F	F	F	F	F	F	F	F	F	F	F	F	F	F	F	F
21	F	F	F	F	F	F	F	F	F	F	F	F	F	F	F	F	F	F	F	F	F	F	F	F	F	F
22	F	F	F	F	F	F	F	F	F	F	F	F	F	F	F	F	F	F	F	F	F	F	F	F	F	F
23	F	F	F	F	F	F	F	F	F	F	F	F	F	F	F	F	F	F	F	F	F	F	F	F	F	F
24	F	F	F	F	F	F	F	F	F	F	F	F	F	F	F	F	ㅋ	F	F	F	F	F	F	F	F	F
25	F	F	F	F	F	F	F	F	F	F	F	F	F	F	F	F	F	F	F	F	F	F	F	F	F	F
26	F	F	F	F	F	F	F	F	F	F	F	F	F	F	F	F	F	F	F	F	F	F	F	F	F	F

Q 빈칸에 알맞은 숫자를 써 넣으시오.

①
1   2   3   4

3+4의 합

②
2   5   6   4

③
7   3   5   1

④
8   9   4
        6

⑤
5   3   7
        15

⑥
    4   8
7   17

그림 퍼즐

Q 아래 그림에서, 위의 그림과 다른 것을 10개 찾아보세요.

수리 퍼즐

Q 빈칸에 알맞은 숫자를 써 넣으시오.

1 승합차 1대에 11명이 탈 수 있습니다. 같은 승합차 6대에는 모두
  몇 명이 탈 수 있나요?

                                    (명)

2 빈 병을 한 상자에 28개씩 담아 보관하려 합니다. 3상자에 담긴
  빈 병은 모두 몇 개인가요?

                                    (개)

3 어느 마트에서 종이컵을 한 묶음에 15개씩 넣어 팔고 있습니다.
  종이컵 5묶음을 팔았을 때, 판 종이컵은 모두 몇 개인가요?

                                    (개)

4 어느 공장에서 자동차를 하루에 45대씩 생산한다고 합니다.
  이 공장에서 4일 동안 생산할 수 있는 자동차는 모두 몇 대인가요?

                                    (대)

5 어느 휴게소에서 한 봉지에 12개씩 들어 있는 호두과자를 팔고 있습
  니다. 선영이네 가족이 호두과자 8봉지를 샀다면 산 호두과자는 모
  두 몇 개인가요?

                                    (개)

6 한 칸에 책 38권을 꽂을 수 있는 책꽂이가 있습니다. 이 책꽂이 3칸
  에 꽂을 수 있는 책은 모두 몇 권인가요?

                                    (권)

그림 퍼즐

Q 아래 그림에서, 위의 그림과 다른 것을 10개 찾으시오.

Q 빈칸에 알맞은 숫자를 써 넣으시오.

1

5   10   3   8

3+8의 합

2

10   3

14   11

3

11   9

19   14

4

5   9

15   7

5

6   5

18   13

6

9

15   20

39

Q ☐에 알맞은 글자를 보기에서 골라 사자성어를 완성하세요.

1

| 完 | | 無 | | （ 완전무결 ） |

| | 龍 | 點 | | （ 화룡점정 ） |

| | 功 | | 列 | （ 연공서열 ） |

| 難 | | | 落 | （ 난공불락 ） |

| 破 | | 之 | | （ 파죽지세 ） |

보기

攻 竹 勢 晴
缺 畵 不
全 畵 年 序

2

| 卓 | | | 論 | （ 탁상공론 ） |

| 日 | 就 | | | （ 일취월장 ） |

| 切 | | | 磨 | （ 절차탁마 ） |

| | 者 | 解 | | （ 결자해지 ） |

| 奇 | | | 外 | （ 기상천외 ） |

보기

礎 上 琢 天
將 結 空 想 月
之

50

글자 퍼즐

Q 주위 글자와 다른 글자를 한 개 찾아보세요.

	A	B	C	D	E	F	G	H	I	J	K	L	M	N	O	P	Q	R	S	T	U	V	W	X	Y	Z
1	M	M	M	M	M	M	M	M	M	M	M	M	M	M	M	M	M	M	M	M	M	M	M	M	M	M
2	M	M	M	M	M	M	M	M	M	M	M	M	M	M	M	M	M	M	M	M	M	M	M	M	M	M
3	M	M	M	M	M	M	M	M	M	M	M	M	M	M	M	M	M	M	M	M	M	M	M	M	M	M
4	M	M	M	M	M	M	M	M	M	M	M	M	M	M	M	M	M	M	M	M	M	M	M	M	M	M
5	M	M	M	M	M	M	M	M	M	M	M	M	M	M	M	M	M	M	M	M	M	M	M	M	M	M
6	M	M	M	M	M	M	M	M	M	M	M	M	M	M	M	M	M	M	M	M	M	M	M	M	M	M
7	M	M	M	M	M	M	M	M	M	M	M	M	M	M	M	M	M	M	M	M	M	M	M	M	M	M
8	M	M	M	M	M	M	M	M	M	M	M	M	M	M	M	M	M	M	M	M	M	M	M	M	M	M
9	M	M	M	M	M	M	M	M	M	M	M	M	M	M	M	M	M	M	M	M	M	M	M	M	M	M
10	M	M	M	M	M	M	M	M	M	M	M	M	M	M	M	M	M	M	M	M	M	M	M	M	M	M
11	M	M	M	M	M	M	M	M	M	M	M	M	M	M	M	M	M	M	M	M	M	M	M	M	M	M
12	M	M	M	M	M	M	M	M	M	M	M	M	M	M	M	M	M	M	M	M	M	M	M	M	M	M
13	M	M	W	M	M	M	M	M	M	M	M	M	M	M	M	M	M	M	M	M	M	M	M	M	M	M
14	M	M	M	M	M	M	M	M	M	M	M	M	M	M	M	M	M	M	M	M	M	M	M	M	M	M
15	M	M	M	M	M	M	M	M	M	M	M	M	M	M	M	M	M	M	M	M	M	M	M	M	M	M
16	M	M	M	M	M	M	M	M	M	M	M	M	M	M	M	M	M	M	M	M	M	M	M	M	M	M
17	M	M	M	M	M	M	M	M	M	M	M	M	M	M	M	M	M	M	M	M	M	M	M	M	M	M
18	M	M	M	M	M	M	M	M	M	M	M	M	M	M	M	M	M	M	M	M	M	M	M	M	M	M
19	M	M	M	M	M	M	M	M	M	M	M	M	M	M	M	M	M	M	M	M	M	M	M	M	M	M
20	M	M	M	M	M	M	M	M	M	M	M	M	M	M	M	M	M	M	M	M	M	M	M	M	M	M
21	M	M	M	M	M	M	M	M	M	M	M	M	M	M	M	M	M	M	M	M	M	M	M	M	M	M
22	M	M	M	M	M	M	M	M	M	M	M	M	M	M	M	M	M	M	M	M	M	M	M	M	M	M
23	M	M	M	M	M	M	M	M	M	M	M	M	M	M	M	M	M	M	M	M	M	M	M	M	M	M
24	M	M	M	M	M	M	M	M	M	M	M	M	M	M	M	M	M	M	M	M	M	M	M	M	M	M
25	M	M	M	M	M	M	M	M	M	M	M	M	M	M	M	M	M	M	M	M	M	M	M	M	M	M
26	M	M	M	M	M	M	M	M	M	M	M	M	M	M	M	M	M	M	M	M	M	M	M	M	M	M

한자 퍼즐

Q □에 알맞은 글자를 보기에서 골라 사자성어를 완성하세요.

①

過		不		（과유불급）
	行	一		（언행일치）
	必		正	（사필귀정）
七		七		（칠종칠금）
作		三		（작심삼일）

보기

歸 言 擒 致
日 猶
及 事 縱 心

②

先			私	（선공후사）
切	齒			（절치부심）
雨	後			（우후죽순）
	柔	內		（외유내강）
信			罰	（신상필벌）

보기

竹 公 剛 必
外 心
後 賞
筍 腐

수리 퍼즐

Q 추 안에 있는 숫자는 무게, 양쪽이 같은 무게가 되도록 숫자를 써 넣으시오.

1

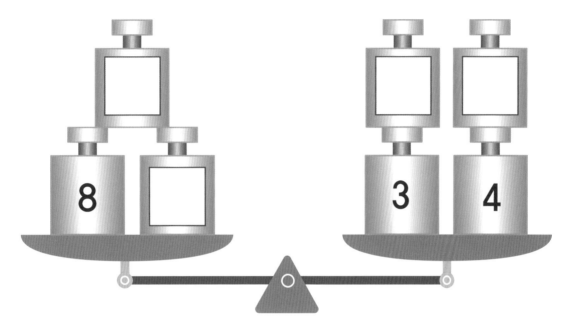

2

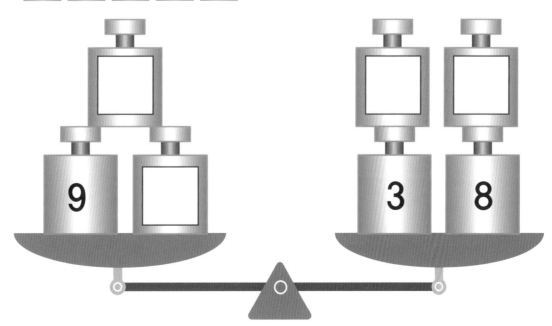

53

시간 퍼즐

 다음 물음에 알맞은 시간을 쓰시오.

보기

① 25분 후는?

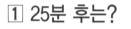

시 　　　　 분

② 1시간 40분 후는?

시 　　　　 분

③ 15시간 4분 후는?

시 　　　　 분

④ 24시간 16분 후는?

시 　　　　 분

⑤ 45분 전은?

시 　　　　 분

⑥ 4시간 32분 전은?

시 　　　　 분

⑦ 13시간 20분 전은?

시 　　　　 분

⑧ 12시간 전은?

시 　　　　 분

Q 다음 물음에 답하시오.

1 11~40 중 없는 숫자 하나는?

35 37 26 7 12 21 23
14 39 3 22 30 13
1 28 36 20 5 40 11
32 9 24 18 34 16
15 29 8 25 6 17 33
27 2 10 4 31 19

2 31~70 중 없는 숫자 하나는?

40 35 48 39 34 69 37
63 44 51 41 59 49
60 53 67 52 50 33
58 65 62 68 70 42 55
47 46 36 61 38 64
32 54 57 66 43 45 31

3 51~90 중 없는 숫자 하나는?

51 68 53 61 75 83
54 57 65 71 86 84 82
96 85 77 89 55 67
73 81 79 87 74 72
76 63 78 58 64 59 62
56 60 52 88 70 66 69

4 자음과 모음 글자 중 없는 글자 하나는?

ㅂ ㅖ ㅈ ㄷ ㅐ ㄱ
ㅅ ㅛ ㅕ
ㅑ ㅋ ㅌ ㅒ ㅊ
ㅍ ㅠ ㅜ ㅡ
ㅁ ㄴ ㅇ ㅔ ㄹ ㅎ
ㅓ ㅏ ㅣ

 **일차**

성어 퍼즐

Q ☐에 알맞은 단어를 보기에서 골라 쓰시오.

가로 열쇠

1. 문을 닫아걸고 나오지 않음. 집안에 틀어박혀 세상 밖으로 나다니지 않음
3. 세 사람이 짜면 저잣거리에 호랑이가 나타났다는 거짓말도 꾸밀 수 있음
   근거 없는 말이라도 여러 사람이 말하면 곧이듣게 됨
5. 사방(四方) 5리에 안개가 덮여 있는 속. 사물의 행방이나 사태의 추이를
   알 길이 없음의 비유

세로 열쇠

2. 문 앞이 시장을 이룸. 세도가의 집 앞이 찾아오는 사람들로 시장처럼
   붐빈다는 말
4. 서넛이나 대여섯 명이 떼 지어 다니는 경우

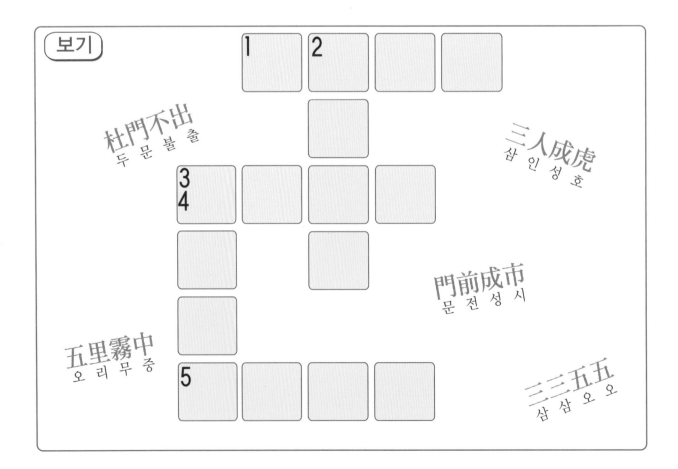

56

성어 퍼즐

월   일

Q ☐에 알맞은 단어를 보기에서 골라 쓰시오.

가로 열쇠

1. 눈으로 아주 간단한 글자인 'ㄱ'자를 보고도 그것이 '고무래'인 줄을
   알아보지 못함. 글자를 전혀 모름

3. 향약(鄕約)의 한 덕목으로, 어렵고 힘든 일을 보면 서로 불쌍히 여겨 도와줌

세로 열쇠

2. 눈을 비비고 상대를 다시 봄. 남의 학식이나 재주가 놀라울 정도로
   진보하여 인식을 새롭게 함을 이름

4. 학식이 있는 것이 오히려 근심거리가 됨

5. 같은 무리끼리 서로 좇음. 같은 동아리끼리 서로 왕래하여 사귐

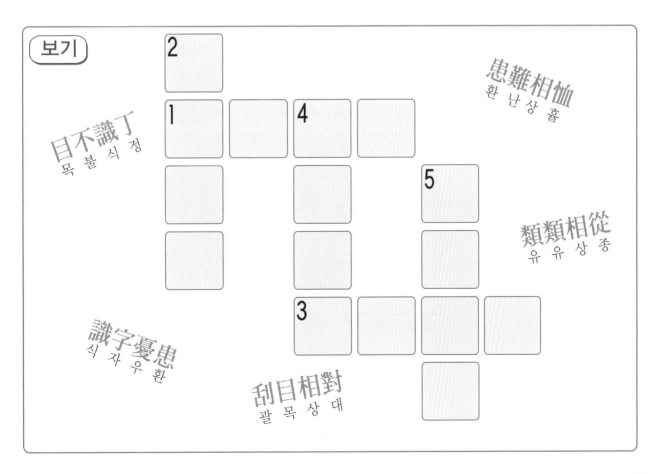

27 일차

성어 퍼즐

 Q ☐에 알맞은 단어를 보기에서 골라 쓰시오.

가로 열쇠

1. 어부의 이익. 쌍방이 다투는 틈을 이용해 제삼자가 애쓰지 않고 가로챈 이득
3. 용의 머리에 뱀의 꼬리. 처음은 좋으나 끝이 좋지 않음
5. 예절과 의리와 청렴과 부끄러움

세로 열쇠

2. 용문(龍門)에 오르다. 입신출세에 연결되는 어려운 관문이나 시험을
   비유하여 이르는 말
4. 물고기는 대가리 쪽이 맛이 있고, 짐승의 고기는 꼬리 쪽이 맛이 있다는 말
6. 눈앞에 이익이 보일 때 먼저 그것이 의리에 합당한가를 생각함

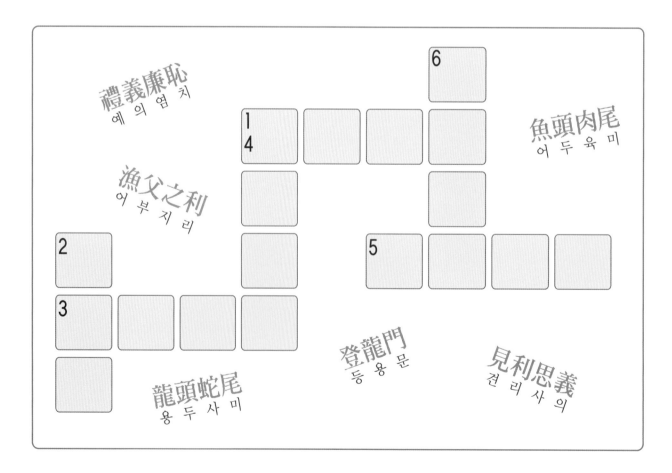

성어 퍼즐

월   일

Q ☐에 알맞은 단어를 보기에서 골라 쓰시오.

가로 열쇠

1. 죽마(대말)를 타고 함께 놀던 친구. 어릴 때부터 같이 놀며 자란 오랜 친구
3. 알을 쌓아 놓은 듯한 형세. 곧 매우 위태로운 형세

세로 열쇠

2. 달걀을 돌에 던지다. 약한 것으로 강한 것을 당해 내려는 어리석은 짓
4. 대를 쪼갤 때와 같은 형세
5. 친구를 사귐에 믿음으로써 사귄다. 세속오계(世俗五戒)의 하나

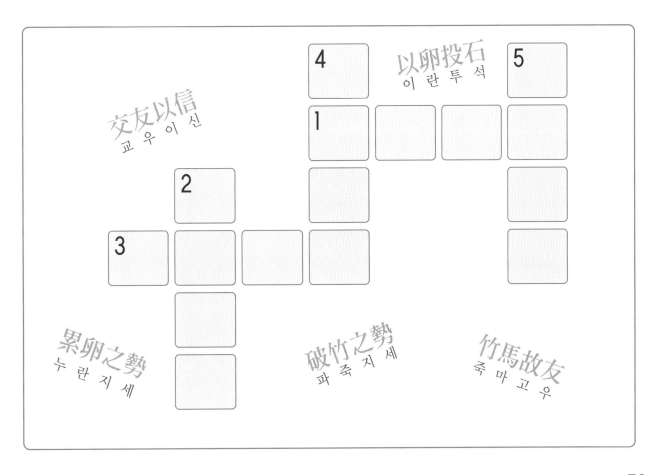

28 일차

공간 퍼즐

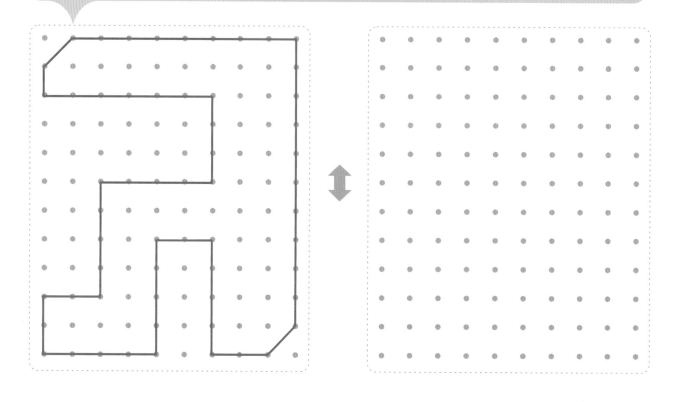

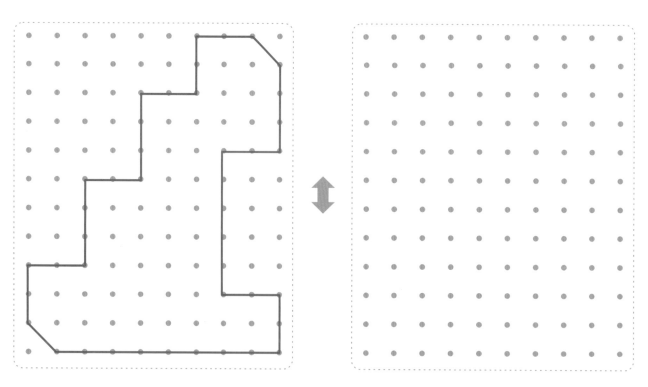

Q → 방향으로 읽으면 2자 단어가 가능합니다. ☐에 알맞은 한자를 보기에서 골라 쓰시오.

보기
頭 所 田 角 行 板 出 圖
두 소 전 각 행 판 출 도

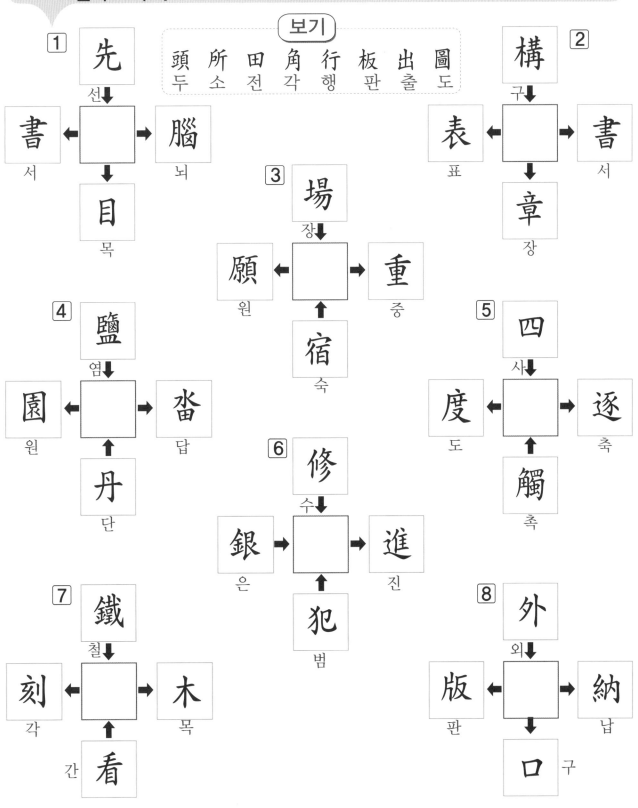

① 先선↓
書서 ← ☐ → 腦뇌
☐ ↓
目목

② 構구↓
表표 ← ☐ → 書서
☐ ↓
章장

③ 場장↓
願원 ← ☐ → 重중
☐ ↑
宿숙

④ 鹽염↓
園원 ← ☐ → 畓답
☐ ↑
丹단

⑤ 四사↓
度도 ← ☐ → 逐축
☐ ↑
觸촉

⑥ 修수↓
銀은 → ☐ → 進진
☐ ↑
犯범

⑦ 鐵철↓
刻각 ← ☐ → 木목
☐ ↑
看간

⑧ 外외↓
版판 ← ☐ → 納납
☐ ↓
口구

글자 퍼즐

Q 주어진 글자 중 다른 글자 1개를 찾아 ◯표 하시오.

1

```
한 한 한 한 한 한 한 한 한 한 한 한 한 한 한
한 한 한 한 한 한 한 한 한 한 한 한 한 한 한
한 한 한 한 한 한 한 한 한 한 한 한 한 한 한
한 한 한 한 한 한 한 한 한 한 한 한 한 힌 한
한 한 한 한 한 한 한 한 한 한 한 한 한 한 한
한 한 한 한 한 한 한 한 한 한 한 한 한 한 한
한 한 한 한 한 한 한 한 한 한 한 한 한 한 한
한 한 한 한 한 한 한 한 한 한 한 한 한 한 한
한 한 한 한 한 한 한 한 한 한 한 한 한 한 한
```

2

```
宮 宮 宮 宮 宮 宮 宮 宮 宮 宮 宮 宮 宮 宮 宮
宮 宮 宮 宮 宮 宮 宮 宮 宮 宮 宮 宮 宮 宮 宮
宮 宮 宮 宮 宮 宮 宮 宮 宮 宮 宮 宮 宮 宮 宮
宮 宮 宮 宮 宮 宮 宮 宮 宮 宮 宮 宮 宮 宮 宮
宮 宮 宮 官 宮 宮 宮 宮 宮 宮 宮 宮 宮 宮 宮
宮 宮 宮 宮 宮 宮 宮 宮 宮 宮 宮 宮 宮 宮 宮
宮 宮 宮 宮 宮 宮 宮 宮 宮 宮 宮 宮 宮 宮 宮
宮 宮 宮 宮 宮 宮 宮 宮 宮 宮 宮 宮 宮 宮 宮
```

Q 다음 그림 중 같은 조합으로 되어 있는 것은, 어느 것과 어느 것입니까?

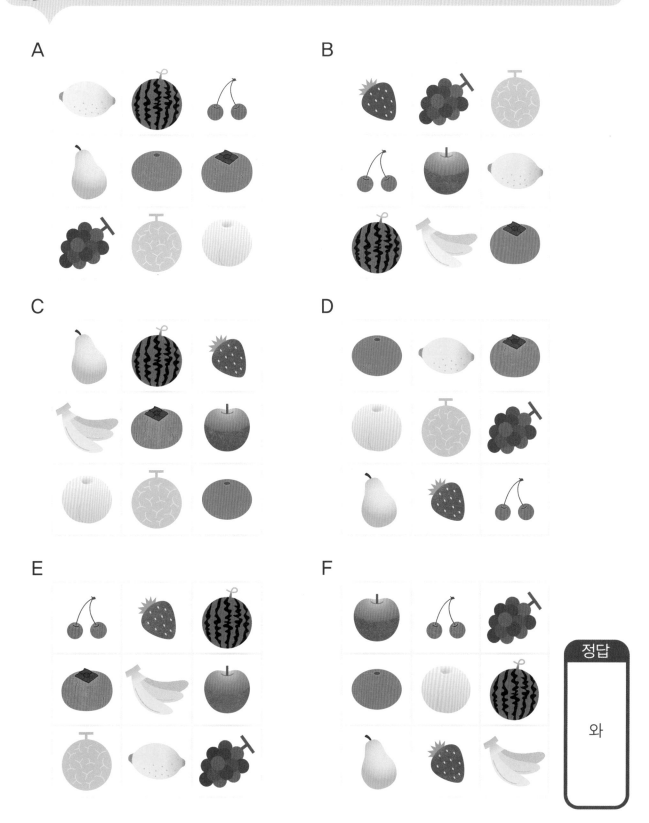

A　　　　　　　　　　　　　　　　B

C　　　　　　　　　　　　　　　　D

E　　　　　　　　　　　　　　　　F

정답

와

63

30 일차   수리 퍼즐

Q 추 안에 있는 숫자는 무게, 양쪽이 같은 무게가 되도록 숫자를 써 넣으시오.

① 1 4 6 8

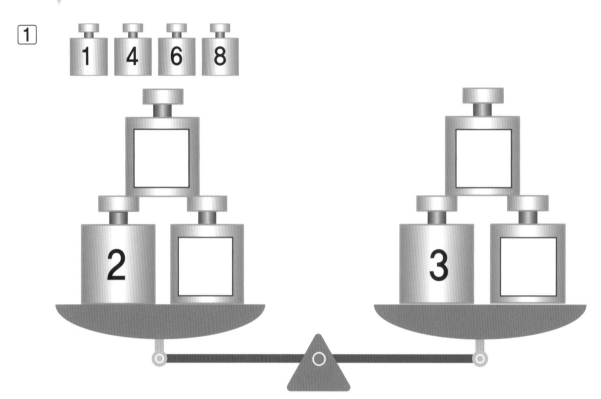

② 2 3 5 8

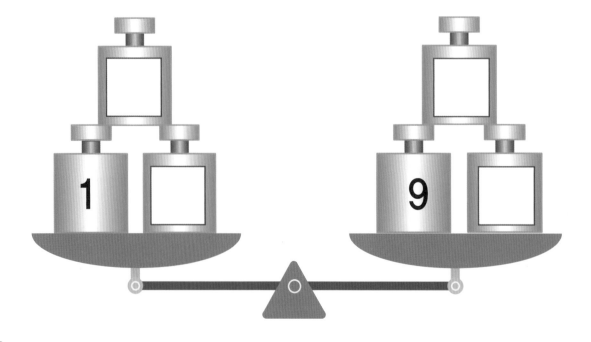

단어 퍼즐

Q ☐에 알맞은 반대어 한자를 보기에서 골라 쓰시오.

① 單 純 ⟷ ☐☐
단 순   복 잡

② 豫 習 ⟷ ☐☐
예 습   복 습

③ 起 床 ⟷ ☐☐
기 상   취 침

④ 多 數 ⟷ ☐☐
다 수   소 수

⑤ 擴 大 ⟷ ☐☐
확 대   축 소

⑥ 開 始 ⟷ ☐☐
개 시   종 료

⑦ 不 和 ⟷ ☐☐
불 화   원 만

⑧ 過 剩 ⟷ ☐☐
과 잉   부 족

脫 退 ⟷ ☐☐
탈 퇴   가 입

短 點 ⟷ ☐☐
단 점   장 점

直 接 ⟷ ☐☐
직 접   간 접

分 裂 ⟷ ☐☐
분 열   통 합

冷 靜 ⟷ ☐☐
냉 정   흥 분

絕 對 ⟷ ☐☐
절 대   상 대

前 進 ⟷ ☐☐
전 진   후 퇴

輕 視 ⟷ ☐☐
경 시   중 시

【보기】

雜 不 縮 複 圓 就
少 寢 了 數 復 滿
足 習 終 小

【보기】

間 入 長 相 合 奮
退 統 後 加 視 興
點 重 對 接

그림 퍼즐

Q 다음 그림 중 같은 모양인 것은 어느 것과 어느 것입니까?

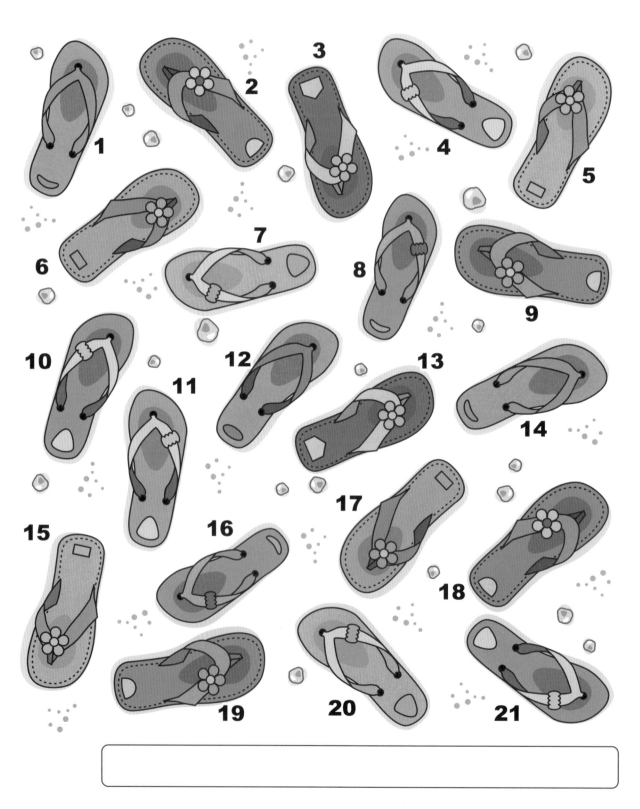

Q 물음에 알맞은 시간을 쓰시오. 시계판에 장침과 단침을 그려 보세요.

보기

1 48분 후는?

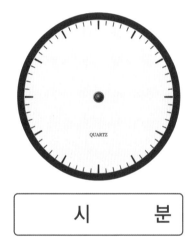

시   분

2 11시간 18분 후는?

시   분

3 4시간 55분 전은?

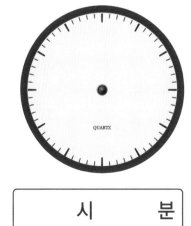

시   분

4 15시간 51분 전은?

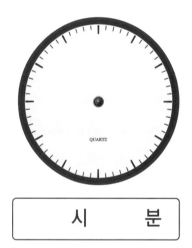

시   분

수리 퍼즐

Q 정답이 다른 것이 1개 있습니다. 찾아서 ◯표를 하고, 그 답을 쓰시오.

1

26×2	$34+18$	$75-23$
$22+30$	13×4	$28+24$
$5+47$	$85-33$	$39+13$
$61-29$	$67-15$	$29+23$
$77-24$	$43+9$	

2

$36+8$	$23+21$	$50-6$
$78-34$	$88 \div 2$	$85-41$
11×4	$52-8$	$31+14$
$12+32$	$63-19$	$92-48$
$75-31$	$11+33$	

도형 퍼즐

Q 조립할 때, 보기처럼 되지 않는 전개도는 어느 것입니까?

 보 기

A
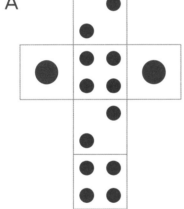

B
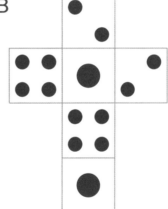

C
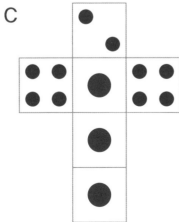

D
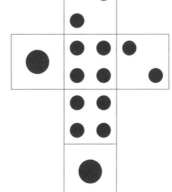

정답

수리 퍼즐

Q 정답이 가장 큰 것이 1개 있습니다. 찾아서 ◯표를 하고, 그 답을 쓰시오.

①

4 × 8	52−22	5 × 6
68 ÷ 2	11 × 3	19+12
2 × 16	22+12	4 × 7
53−25	28+5	84 ÷ 4
17 × 2	79−44	

②

67−17	63−12	6 × 8
15+38	31+19	4 × 12
98 ÷ 2	83−36	61−10
63−18	24 × 2	17 × 3
25+26	9 × 5	

글자 퍼즐

Q 주어진 한자 중 다른 한자가 1개 있습니다. 그 한자를 찾아 ◯표 하시오.

1

宜 宜 宜 宜 宜 宜 宜 宜 宜 宜 宜 宜 宜
宜 宜 宜 宜 宜 宜 宜 宜 宜 宜 宜 宜 宜
宜 宜 宜 宜 宜 宜 宜 宜 宜 宜 宜 宜 宜
宜 宜 宜 宜 宜 宜 宜 宜 宜 宜 宜 宜 宜
宜 宜 宜 宜 宜 宜 宜 宜 宜 宜 宜 宜 宜
宜 宜 宜 宜 宜 宜 宜 宜 宜 宜 宜 宜 宜
宣 宜 宜 宜 宜 宜 宜 宜 宜 宜 宜 宜 宜
宜 宜 宜 宜 宜 宜 宜 宜 宜 宜 宜 宜 宜

2

葉 葉 葉 葉 葉 葉 葉 葉 葉 葉 葉 葉 葉
葉 葉 葉 葉 葉 葉 葉 葉 葉 葉 葉 葉 葉
葉 葉 葉 葉 葉 葉 葉 葉 葉 葉 葉 葉 葉
葉 葉 葉 葉 葉 葉 葉 葉 葉 葉 葉 葉 葉
葉 葉 葉 葉 葉 葉 葉 葉 葉 葉 葉 葉 葉
葉 茶 葉 葉 葉 葉 葉 葉 葉 葉 葉 葉 葉
葉 葉 葉 葉 葉 葉 葉 葉 葉 葉 葉 葉 葉
葉 葉 葉 葉 葉 葉 葉 葉 葉 葉 葉 葉 葉

한자 퍼즐

Q ☐에 알맞은 글자를 보기에서 골라 사자성어를 완성하세요.

1

| | 學 | 試 | | (입학시험) |

| 百 | | | 中 | (백발백중) |

| | 機 | 一 | | (위기일발) |

| | 名 | | 實 | (유명무실) |

| 八 | | 美 | | (팔방미인) |

보기

發 無 百
方 有
危 人 驗
入 髮

2

| | 日 | | 秋 | (일일천추) |

| 東 | | | 北 | (동서남북) |

| 義 | | 敎 | | (의무교육) |

| 七 | | | 起 | (칠전팔기) |

| | 末 | 顚 | | (본말전도) |

보기

南 千
育 務
一 倒 西
八 本
轉

그림 퍼즐

Q 주어진 그림의 알맞은 그림자를 찾으시오.

1

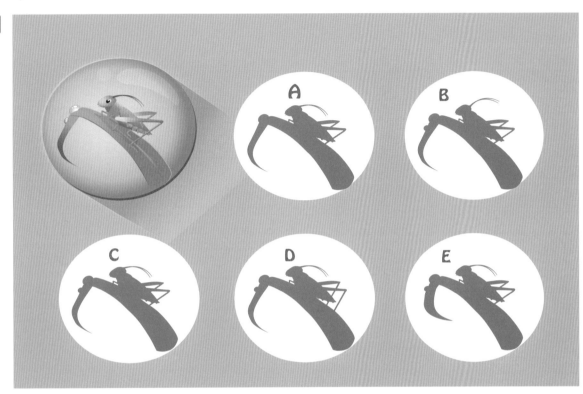

2

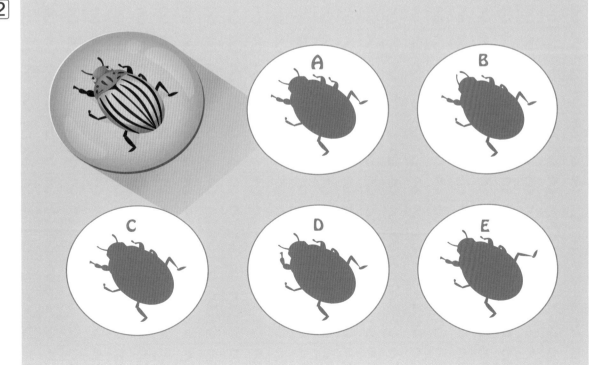

35 일차 글자 퍼즐

Q 다음 글자 중 나머지와 다른 글자 1개를 골라 보시오.

	A	B	C	D	E	F	G	H	I	J	K	L	M	N	O	P	Q	R	S	T	U	V	W	X	Y	Z
1	S	S	S	S	S	S	S	S	S	S	S	S	S	S	S	S	S	S	S	S	S	S	S	S	S	S
2	S	S	S	S	S	S	S	S	S	S	S	S	S	S	S	S	S	S	S	S	S	S	S	S	S	S
3	S	S	S	S	S	S	S	S	S	S	S	S	S	S	S	S	S	S	S	S	S	S	S	S	S	S
4	S	S	S	S	S	S	S	S	S	S	S	S	S	S	S	S	S	S	S	S	S	S	S	S	S	S
5	S	S	S	S	S	S	S	S	S	S	S	S	S	S	S	S	S	S	S	S	S	S	S	S	S	S
6	S	S	S	S	S	S	S	S	S	S	S	S	S	S	S	S	S	S	S	S	S	S	S	S	S	S
7	S	S	S	S	S	S	S	S	S	S	S	S	S	S	S	S	S	S	S	S	S	S	S	S	S	S
8	S	S	S	S	S	S	S	S	S	S	S	S	S	S	S	S	S	S	S	S	S	S	S	S	S	S
9	S	S	S	S	S	S	S	S	S	S	S	S	S	S	S	S	S	S	S	S	S	S	S	S	S	S
10	S	S	S	S	S	S	S	S	S	S	S	S	S	S	S	S	S	S	S	S	S	S	S	S	S	S
11	S	S	S	S	S	S	S	S	S	S	S	S	S	S	S	S	S	S	S	S	S	S	S	S	S	S
12	S	S	S	S	S	S	S	S	S	S	S	S	S	S	S	S	S	S	S	S	S	S	S	S	S	S
13	S	S	S	S	S	S	S	S	S	S	S	S	S	S	S	S	S	S	S	S	S	S	S	S	S	S
14	S	S	S	S	S	S	S	S	S	S	S	S	S	S	S	S	S	S	S	S	S	S	S	S	S	S
15	S	S	S	S	S	S	S	S	S	S	S	S	S	S	S	S	S	S	S	S	S	S	S	S	S	S
16	S	S	S	S	S	S	S	S	S	S	S	S	S	S	S	S	S	S	S	S	S	S	S	S	S	S
17	S	S	S	S	S	S	S	S	S	S	S	S	S	S	S	S	S	S	S	S	S	S	S	S	S	S
18	S	S	S	S	S	S	S	S	S	S	S	S	S	S	S	S	S	S	S	S	S	S	S	S	S	S
19	S	S	S	S	S	S	S	S	S	S	S	S	S	S	S	S	S	S	S	S	S	S	S	S	S	S
20	S	S	S	S	S	S	S	S	S	S	S	S	S	S	S	S	S	S	S	S	S	S	S	S	S	S
21	S	S	S	2	S	S	S	S	S	S	S	S	S	S	S	S	S	S	S	S	S	S	S	S	S	S
22	S	S	S	S	S	S	S	S	S	S	S	S	S	S	S	S	S	S	S	S	S	S	S	S	S	S
23	S	S	S	S	S	S	S	S	S	S	S	S	S	S	S	S	S	S	S	S	S	S	S	S	S	S
24	S	S	S	S	S	S	S	S	S	S	S	S	S	S	S	S	S	S	S	S	S	S	S	S	S	S
25	S	S	S	S	S	S	S	S	S	S	S	S	S	S	S	S	S	S	S	S	S	S	S	S	S	S
26	S	S	S	S	S	S	S	S	S	S	S	S	S	S	S	S	S	S	S	S	S	S	S	S	S	S

Q 다음 수식에서 두 번째로 작은 수를 찾고, 그 답을 쓰시오.

1

$47-32$	$9+6$	4×4
$12+6$	$21-2$	$64 \div 4$
6×2	$38-24$	$54-33$
$62-45$	$45 \div 3$	$12+8$
$38-21$	$98-83$	

2

7×4	$90 \div 3$	$14+16$
$87-58$	$53-24$	$59-28$
$96 \div 3$	$27-3$	$52 \div 2$
6×5	$24+4$	$17+14$
$80-51$	$24+8$	

한자 퍼즐

Q ☐에 알맞은 한자를 보기에서 골라 사자성어를 완성하세요.

1

| | 子 | 有 | | (부자유친) |

| 君 | | 有 | | (군신유의) |

| | 幼 | | 序 | (장유유서) |

| | 友 | 有 | | (붕우유신) |

| | 婦 | 有 | | (부부유별) |

보기

臣 別 有 信　父 親　義 長 朋 夫

不 及

2

| 起 | | | 結 | (기승전결) |

| | | 之 | 馬 | (새옹지마) |

| | 鷄 | 一 | | (군계일학) |

| 錦 | 上 | | | (금상첨화) |

| | 死 | 回 | | (기사회생) |

보기

塞 承 翁 添 生　轉 群 花 起 鶴

76

수리 퍼즐

월   일

Q 빈칸에 알맞은 답을 써 넣으시오.

1 학교에서 병원까지의 거리는 $\frac{8}{10}$ km이고, 학교에서 경찰서까지의 거리는 $\frac{4}{10}$ km입니다. 병원과 경찰서 중 학교에서 더 가까운 곳은 어디인가요?

(   )

2 화분에 심은 꽃들의 키를 재었더니 장미는 $\frac{6}{12}$ m이고, 무궁화는 $\frac{9}{12}$ m 였습니다. 키가 더 큰 꽃은 무엇인가요?

(   )

3 와플 모양의 아이스크림을 윤아는 전체의 $\frac{2}{10}$ 만큼, 세윤이는 전체의 $\frac{1}{4}$ 만큼 먹었습니다. 아이스크림을 누가 더 많이 먹었나요?

(   )

4 사과나무의 키는 5.2 m이고, 감나무의 키는 480 cm입니다. 높이가 더 높은 나무는 어느 나무인가요?

(   )

5 지희가 멘 가방의 무게는 3,200 g이고, 미혜가 멘 가방의 무게는 3.5 kg입니다. 더 가벼운 가방을 메고 있는 사람은 누구인가요?

(   )

6 광수의 키는 155 cm이고, 세찬이의 키는 1.5 m입니다. 키가 더 작은 사람은 누구인가요?

(   )

그림 퍼즐

Q 다음 모형 중에서 조합이 나머지와 다른 것을 찾아보세요.

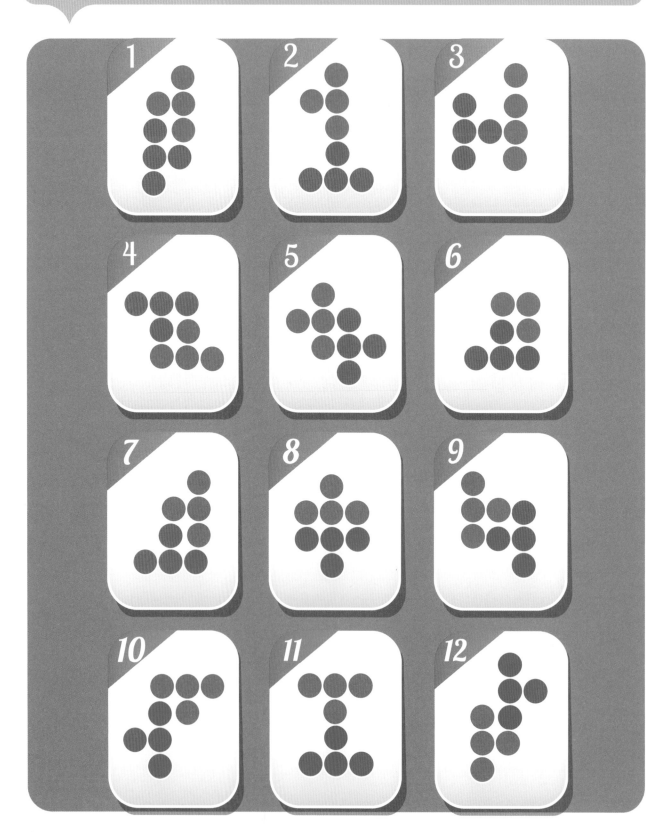

월   일

Q 미로를 따라 찾아가 보세요.

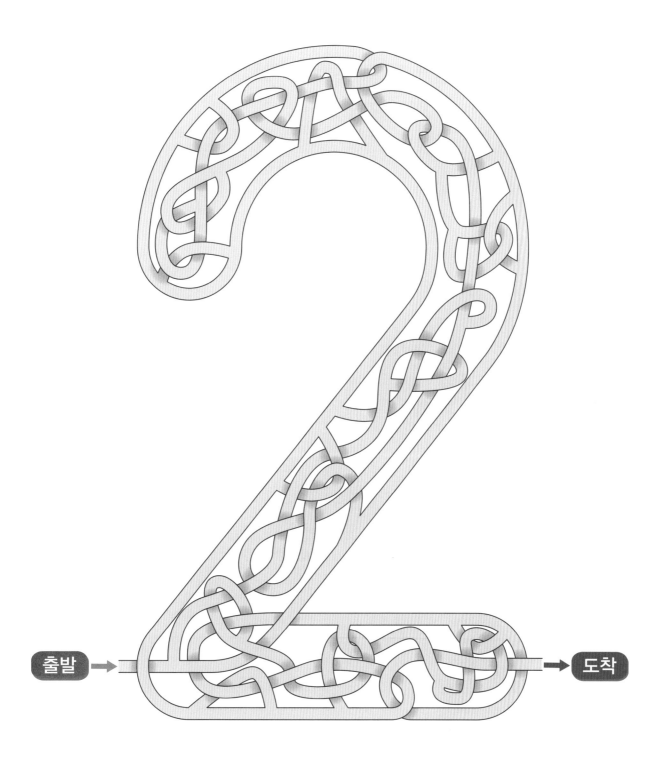

출발 →   → 도착

38 일차　　　숫자 퍼즐

Q 　같은 숫자가 3쌍 있습니다. 그 숫자를 찾아 쓰시오.

22　　30　　　　41　　　43

15　　　11　　　33

26　　24　　14　　18　　45

16　　5　　48　　13　　31

37　　19　　17　　34　　23

50　　30　　21　　27

13　　　　36　　　　29

12

20　　43　　28　　24

25

Q 다음 그림에서 밧줄을 당기면 매듭이 되는 것은 어느 것입니까?

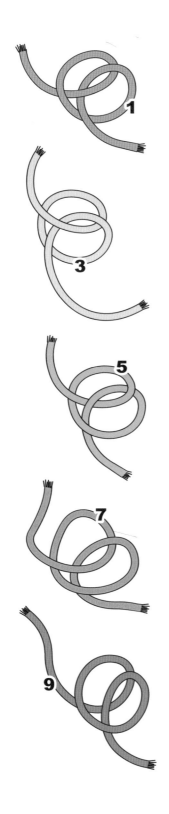

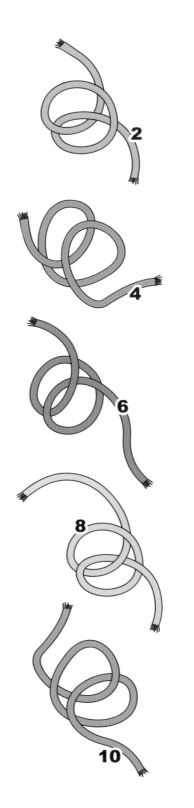

정답

도형 퍼즐

Q 보기의 전개도를 조립한 것으로, 맞지 않는 것은 어느 것입니까?

보
기

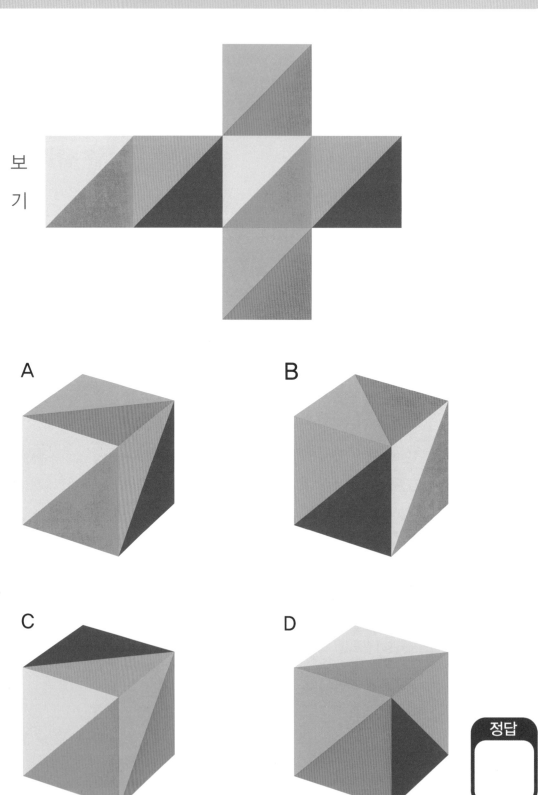

A

B

C

D

정답

월   일

Q ⬜에 알맞은 글자를 보기에서 골라 사자성어를 완성하세요.

1

| | 騎 | 當 | | （일기당천） |

| 三 | | | 教 | （삼천지교） |

| 言 | 語 | | | （언어도단） |

| 大 | | 名 | | （대의명분） |

| | 由 | | 放 | （자유분방） |

보기

遷　　　道

　分　千

奔　　義

斷　之　自

　　一

2

| 頂 | | 一 | | （정문일침） |

| | 戰 | | 鬪 | （악전고투） |

| | 海 | 珍 | | （산해진미） |

| | 片 | 丹 | | （일편단심） |

| 連 | 戰 | | | （연전연승） |

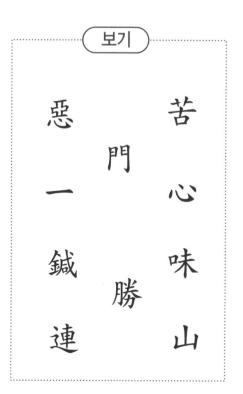

보기

惡　　苦

　門　心

一　　味

鍼　勝　山

連

미로 퍼즐

Q 미로를 따라 찾아가 보세요.

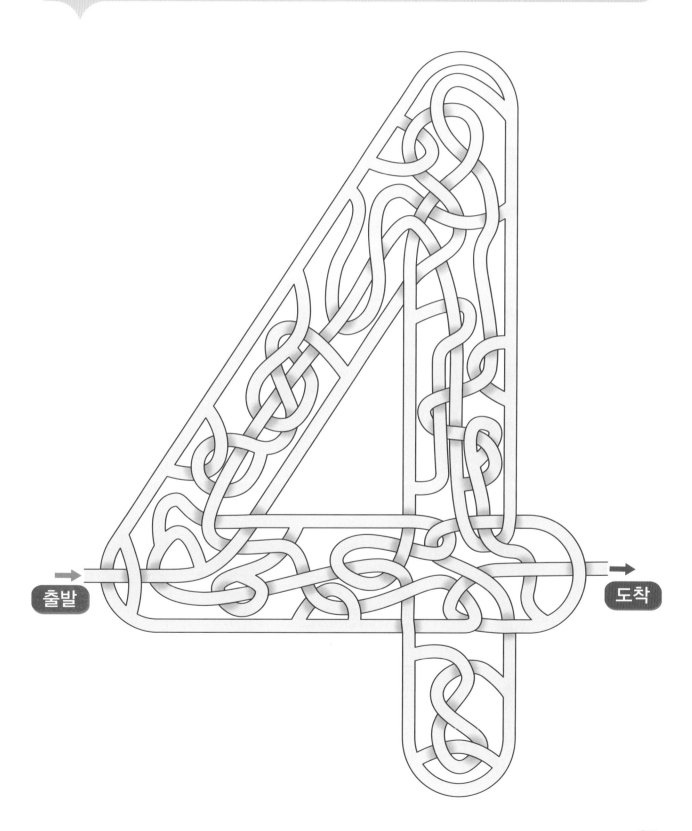

출발

도착

시간 퍼즐

Q ⬡에 알맞은 시간을 쓰시오.

1

1시간 34분 후는?　　　　시　　　　분

10시간 3분 전은?　　　　시　　　　분

2

2시간 35분 후는?　　　　시　　　　분

1시간 30분 전은?　　　　시　　　　분

3

6시간 48분 후는?　　　　시　　　　분

3시간 53분 전은?　　　　시　　　　분

4

5시간 20분 후는?　　　　시　　　　분

4시간 15분 전은?　　　　시　　　　분

5

4시간 27분 후는?　　　　시　　　　분

6시간 55분 전은?　　　　시　　　　분

Q 정답이 가장 큰 것이 1개 있습니다. 찾아서 ◯표를 하고, 그 답을 쓰시오.

1️⃣

$85-33$	$34+18$	$28+24$
$29+23$	13×4	$73-21$
$22+30$	$67-15$	$5+47$
$61-9$	$76-23$	$43+9$
26×2	$39+13$	

2️⃣

$75-31$	$23+21$	$63-19$
$78-34$	$26 \div 2$	$85-41$
$52-8$	$36+8$	$31+14$
$92-48$	$50-6$	$12+32$
11×4	$11+33$	

한자 퍼즐

Q □에 알맞은 단어를 보기에서 골라 쓰시오.

□ 馬 燈	出 □ 表	酒 煎 □
주마등	출사표	주전자

□ 常 心	□ 馬 評	象 牙 □
평상심	하마평	상아탑

八 □ 出	□ 面 皮	□ 董 飯
팔불출	철면피	골동반

千 里 □	□ 廉 恥	重 □ 大
천리마	파렴치	중차대

焦 □ 化	淸 白 □	集 □ 成
초토화	청백리	집대성

보기

走	不	下	子	師
破	大	鐵	平	骨
吏	土	且	馬	塔

Q ? 에 적합한 것을 고르시오.

1

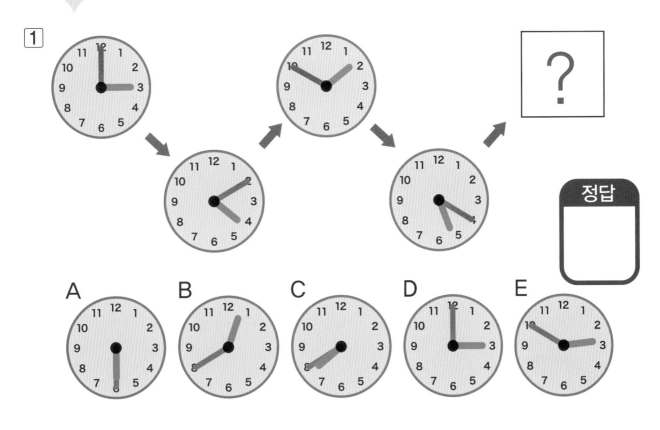

2

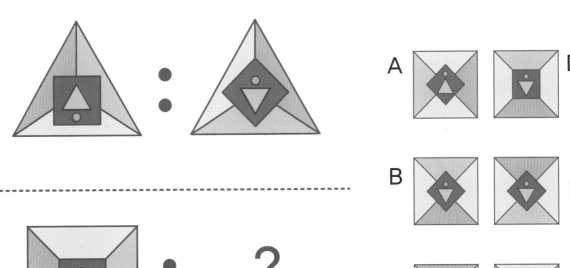

시간 퍼즐

Q 물음에 알맞은 시간을 쓰시오.

1

2시간 45분 후는?   시   분

3시간 40분 전은?   시   분

2

2시간 35분 후는?   시   분

1시간 50분 전은?   시   분

3

5시간 4분 후는?   시   분

2시간 19분 전은?   시   분

4

9시간 25분 후는?   시   분

1시간 43분 전은?   시   분

5

5시간 23분 후는?   시   분

2시간 54분 전은?   시   분

한자 퍼즐

Q 주어진 사자성어를 바르게 배열하시오.

1　廉 清 白 潔
　렴　청　백　결

*성품과 행실이 맑고 깨끗하며 아무런 허물이 없음

2　載 一 千 遇
　재　일　천　우

*천 년 동안 겨우 한 번 만난다는 뜻으로, 좀처럼 만나기 어려운 좋은 기회를 이르는 말

3　品 正 方 行
　품　정　방　행

*품성과 행실이 바르고 단정함

4　匙 飯 一 十
　시　반　일　십

*여럿이 힘을 합하여 한 사람쯤 도와주기 쉽다는 말

5　大 小 針 棒
　대　소　침　봉

*작은 것을 크게 부풀려서 말함

6　濁 一 水 魚
　탁　일　수　어

*한 마리의 고기가 물을 흐린다는 뜻으로, 한 사람의 잘못으로 여러 사람이 그 피해를 입게 됨

한자 퍼즐

Q ☐에 알맞은 단어를 보기에서 골라 쓰시오.

三	昧	☐		不	☐	地		相	思	☐
삼매경				불모지				상사병		

上	樑	☐		三	☐	士		不	夜	☐
상량문				삼총사				불야성		

似	☐	非		☐	君	子		蜃	☐	樓
사이비				사군자				신기루		

☐	牙	塔		十	☐	生		三	巴	☐
상아탑				십장생				삼파전		

京	☐	線		松	竹	☐		守	☐	奴
경부선				송죽매				수전노		

보기

戰	錢	釜	境	銃
而	長	毛	梅	病
象	氣	四	文	城

그림 퍼즐

Q 같은 조합으로 되어 있는 것은 어느 것과 어느 것인가요?

A

B

C

D

E

F

정답

와

시간 퍼즐

Q 다음 물음에 알맞은 시간을 쓰시오.

1

4시간 45분 후는? | 시 | 분 |

3시간 40분 전은? | 시 | 분 |

2

2시간 35분 후는? | 시 | 분 |

1시간 50분 전은? | 시 | 분 |

3

6시간 4분 후는? | 시 | 분 |

2시간 19분 전은? | 시 | 분 |

4

10시간 24분 후는? | 시 | 분 |

1시간 43분 전은? | 시 | 분 |

5

6시간 23분 후는? | 시 | 분 |

2시간 54분 전은? | 시 | 분 |

Q 미로를 따라 찾아가 보세요.

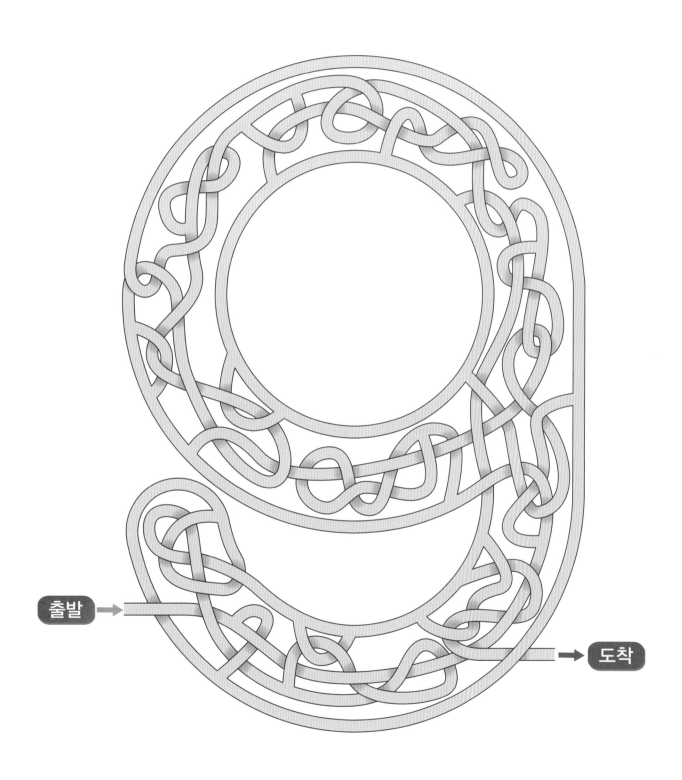

출발

도착

그림 퍼즐

Q 아래 그림에서, 위의 그림과 다른 것을 10개 찾으시오.

시간 퍼즐

Q 빈칸에 알맞은 숫자를 써 넣으시오.

1. 집에서 수영장까지 걸어가면 28분 14초 걸리고, 자전거를 타고 가면 6분 50초가 걸립니다. 걸어가는 것은 자전거를 타는 것보다 몇 분 몇 초 더 늦게 도착하나요?

(분   초)

2. 나는 일주일에 4시간 30분 동안 컴퓨터를 사용하기로 하고, 지금까지 2시간 56분 동안 컴퓨터를 사용하였습니다. 내게 이번 주에 남은 컴퓨터 사용 시간은 몇 시간 몇 분인가요?

(시간   분)

3. 친구와 함께 등산을 하였습니다. 올라갈 때는 3시간 8분 50초가 걸렸고, 내려올 때는 1시간 40분 47초가 걸렸습니다. 내려올 때는 올라갈 때보다 몇 시간 몇 분 몇 초 빠르게 내려왔나요?

(시간   분   초)

4. 서울 집에서 출발하여 6시간 50분 후에 고향 큰댁에 도착한 시각은 오후 8시 23분입니다. 서울 집에서 출발한 시각은 몇 시 몇 분인가요?

(오후   시   분)

5. 지금 시각은 오후 4시 44분 6초입니다. 1시간 3분 11초 전의 시각은 몇 시 몇 분 몇 초인가요?

(오후   시   분   초)

그림 퍼즐

Q 주어진 그림의 알맞은 그림자를 찾으시오.

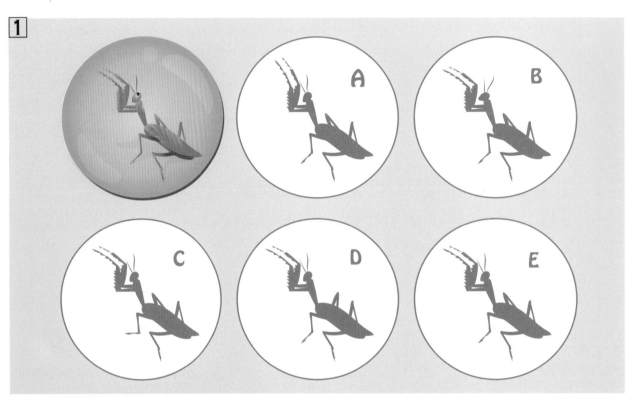

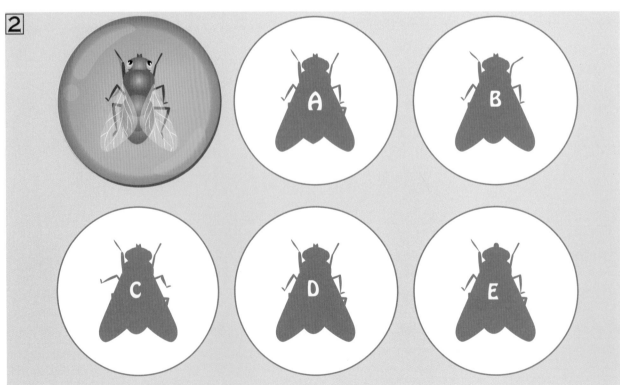

Q 빈칸에 가로, 세로, 대각선 모두 1에서 4의 숫자를 하나씩 넣어 보시오.

1

		1	
4		3	
	2		
1			

2

		3	
	2		3
4		1	

3

	3	2	4
	1		
	2		

4

		1	
	1	3	
	4		
1			

시간 퍼즐

Q 물음에 알맞은 시간을 써 넣으시오.

1

5시간 20분 후는?   시   분

4시간 15분 전은?   시   분

2

2시간 35분 후는?   시   분

1시간 30분 전은?   시   분

3

6시간 48분 후는?   시   분

3시간 53분 전은?   시   분

4

1시간 34분 후는?   시   분

10시간 3분 전은?   시   분

5

4시간 27분 후는?   시   분

6시간 55분 전은?   시   분

Q 빈칸에 가로, 세로, 대각선 모두 1에서 4의 숫자를 하나씩 넣어 보시오.

1

		3	
		2	
	3		
4			

2

		3	2
2			
4			

3

	4		2
		2	
3			

4

		3	
		2	
3	4		

글자 퍼즐

Q 주위 글자와 다른 글자를 8개 찾아보세요.

```
                                        魚
        魚魚魚魚魚              魚魚
        魚魚魚魚魚魚魚魚魚魚魚
        魚魚魚    魚魚魚魚魚魚魚魚
        魚漁魚魚魚魚魚魚魚    魚魚
          魚魚魚魚魚魚魚        漁
          魚魚魚魚魚

  足                                              足
    足足                        頭頭            足足   足
    足足                      頭頭頭頭          足足 是
      足足                  頭頭頭頭頭頭          足足
      足足                頭頭頭頭頭頭頭頭頭      足足
        足足            顯頭頭頭頭頭頭頭頭頭頭    足足
        足足          頭頭頭頭頭頭頭頭頭頭頭頭頭  足足
        足足          頭頭頭目目頭頭目目頭頭頭    足足
        足足          頭頭頭目目頭頭目目頭頭頭    足足
        足足          頭頭頭頭頭頭頭頭頭頭頭      足足
        足足          頭頭頭頭頭□□頭頭頭頭頭    足足
        足足          頭頭頭頭頭□□頭頭頭頭      足足
        足足          頭頭頭頭頭頭頭頭          足足
  足足                頭頭頭頭頭頭                  足足        足足
    足足              頭頭頭願                    足足      足足
    足足                                      足足      足足
    足足            足足                  足足足足足足足  足足      足足
    足足          足足足          足足足足足足足      足足    足足足
    足足          足足足        足足足足足足足足足足    足足    足足足
    足足          足足足      足足足    足足        足足    足足足
  足足足足          足足        足足足足            足足足  足足足
    足足足足                足足足              足足足  足足足
      足足足足            足足足足            足足足足  足足足
        足足足足足足足足  足足足足足      足足足足足足
          足足足足足足  足足足足足足    足足足足足
                  足足          足足
                  足足足        足足      足足足
                  足足足        足足    足足足足
                      足足    足足    足足足
  足足足足足足足足走    足足  足足      足足足足    海海海海海海海海
  足足足足足足足足        足足足      足足    足足  海海海海海海海海
                      足足      足足足    海海海海海海海海海
                    足足足          足海海海海海海海海
      足足足足足      足足      海海海海海海海海海海海海海海      海海海
    足足足足足足    海海海海海海海海海海海海海海海海    海海海
    足足足        海海海海海海海海海        海海海海海海海海海悔海海
  海海海海海海海海海海    梅海海海海海海
  海海海海海海海海海海海海海海海    海海海海海海海
  海海海悔海海海海海海海海海海海海海海海海海海海海
  海海海海海海海海海海海海海悔海海海海海海海海
  海海海海海海海海海海海海海海海海海海海海海海
```

월   일

Q 물음에 알맞은 시간을 써 넣으시오.

1 (시계)

1시간 20분 후는?   [시   분]

2시간 10분 전은?   [시   분]

2 (시계)

4시간 40분 후는?   [시   분]

2시간 20분 전은?   [시   분]

3 (시계)

1시간 30분 후는?   [시   분]

3시간 10분 전은?   [시   분]

4 (시계)

6시간 45분 후는?   [시   분]

4시간 50분 전은?   [시   분]

5 (시계)

10시간 5분 후는?   [시   분]

5시간 45분 전은?   [시   분]

50 일차

그림 퍼즐

Q 그림에서 같은 조합을 골라 보시오.

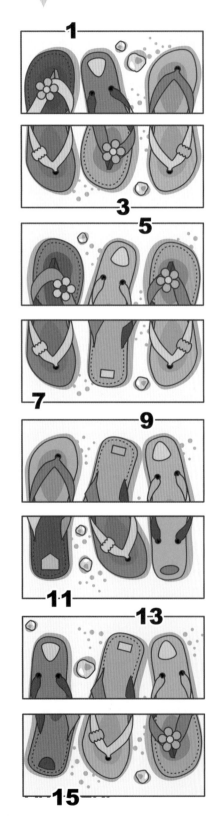

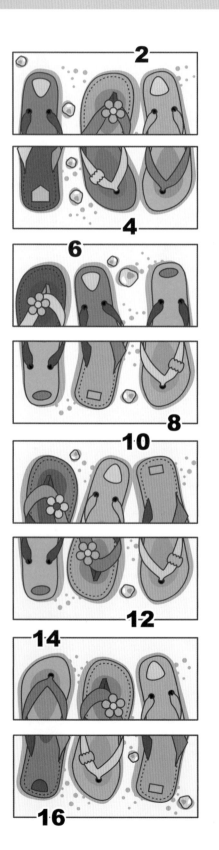

정답

한자 퍼즐

Q 주어진 사자성어를 바르게 배열하시오.

1
陳 謝 新 代
진   사   신   대

* 생명 유지를 위해 생체 내에서 이루어지는
물질의 화학 변화

2
盡 悲 來 興
진   비   래   흥

* 즐거운 일이 다하면 슬픈 일이 온다는 뜻으로,
세상일은 좋고 나쁜 일이 돌고 돈다는 것을 이
르는 말

3
山 石 之 他
산   석   지   타

* 남의 산에 있는 돌이라도 나의 옥을 다듬는
데에 소용이 된다는 뜻

4
言 説 甘 利
언   설   감   이

* 남의 비위에 맞도록 꾸민 달콤한 말과
이로운 조건을 내세워 꾀는 말

5
之 功 雪 螢
지   공   설   형

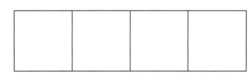

* 고생 속에서도 꾸준히 공부하여 얻은 보람을
이르는 말

6
西 東 走 奔
서   동   주   분

* 여기저기 사방으로 분주하게 다님

105

단어 퍼즐

Q → 방향으로 읽으면 2자 단어가 가능합니다. ☐에 알맞은 한자를 보기에서 골라 쓰시오.

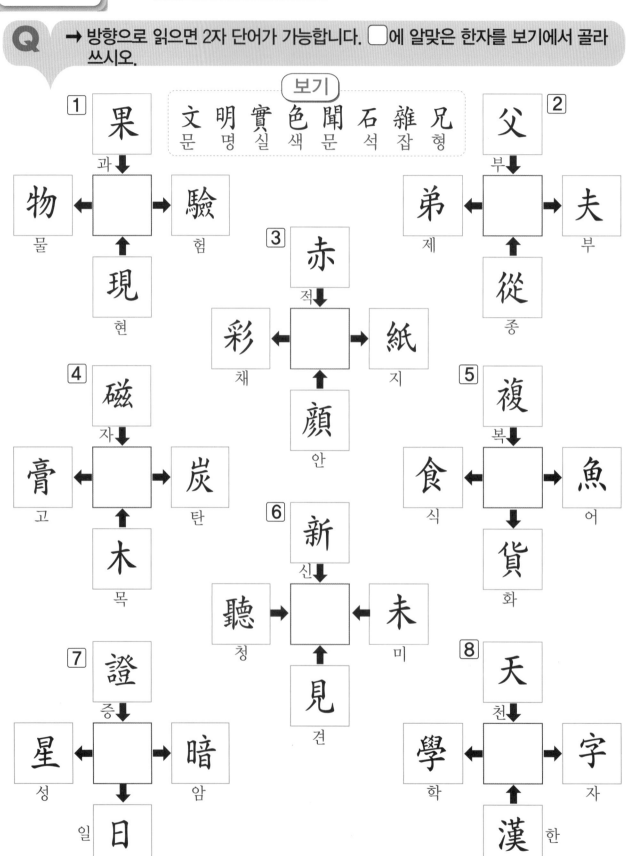

보기

文	明	實	色	聞	石	雜	兄
문	명	실	색	문	석	잡	형

1

果
과

物 ← ☐ → 驗
물   험

現
현

2

父
부

弟 ← ☐ → 夫
제   부

從
종

3

赤
적

彩 ← ☐ → 紙
채   지

顔
안

4

磁
자

膏 ← ☐ → 炭
고   탄

木
목

5

複
복

食 ← ☐ → 魚
식   어

貨
화

6

新
신

聽 → ☐ ← 未
청   미

見
견

7

證
증

星 ← ☐ → 暗
성   암

日
일

8

天
천

學 ← ☐ → 字
학   자

漢
한

Q 빈칸에 가로, 세로, 대각선 모두 1에서 4의 숫자를 하나씩 넣어 보세요.

1

1	4		
		2	
		4	

2

2			
		1	
		2	3

3

	2		
1		4	
			1

4

	4		
2			
	1		2

수리 퍼즐

Q 정답이 가장 큰 계산 하나에 ◯표 하고, 그 답을 쓰시오.

1

53−25	22+12	5×6
68÷2	11×3	19+12
2×16	52−22	84÷4
8×4	17×2	4×7
28+5	79−44	

2

15+38	6×8	63−12
78−34	31+19	17×3
98÷2	24×2	61−10
25+26	83−36	4×12
63−18	9×5	

그림 퍼즐

Q 그림에서 같은 조합을 골라 보시오.

한자 퍼즐

Q ☐에 같은 한자를 두 칸에 넣고 사자성어를 만듭니다. (   )에 읽기도 씁니다.

1. ☐ 畵（화） ☐ 讚（찬）
（   ）

   感（감） ☐ 德（덕） ☐
（   ）

2. ☐ ☐ 堂（당） 堂（당）
（   ）

   右（우） ☐ 左（좌） ☐
（   ）

3. 前（전） 途（도） ☐ ☐
（   ）

   ☐ 彼（피） ☐ 己（기）
（   ）

4. ☐ 材（재） ☐ 所（소）
（   ）

   ☐ ☐ 非（비） 非（비）
（   ）

5. 威（위） 風（풍） ☐ ☐
（   ）

   ☐ 業（업） ☐ 得（득）
（   ）

6. 橫（횡） ☐ 竪（수） ☐
（   ）

   ☐ 心（심） ☐ 意（의）
（   ）

보기
誠（성） 堂（당） 適（적） 往（왕） 自（자） 正（정） 之（지） 說（설） 洋（양） 是（시） 知（지）

숫자 퍼즐

Q 수가 같은 것끼리 선으로 연결해 봅시다.

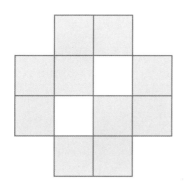   •   •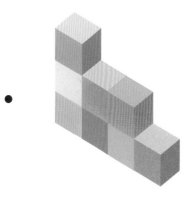

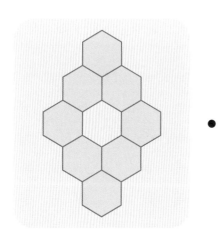   •   •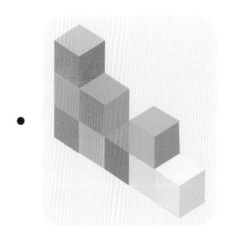

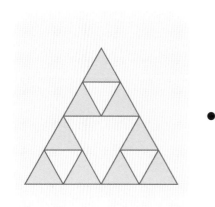   •   •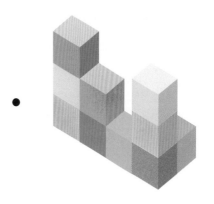

블록 퍼즐

Q 다음 각각의 블록의 갯수를 세어 보시오.

1

🧊 개	🧊 개
🧊🧊	개

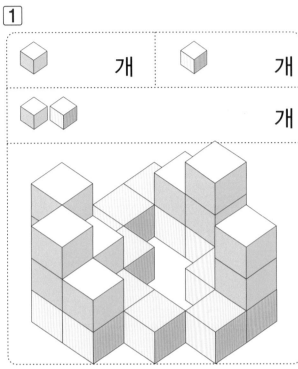

2

🧊 개	🧊 개
🧊🧊	개

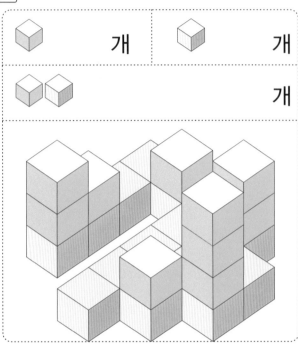

3

🧊 개	🧊 개
🧊🧊	개

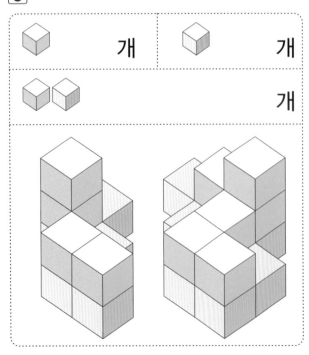

4

🧊 개	🧊 개
🧊🧊	개

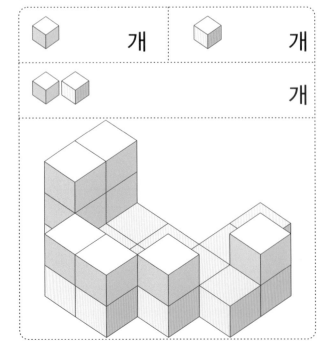

월   일

Q 미로를 따라 찾아가 보시오.

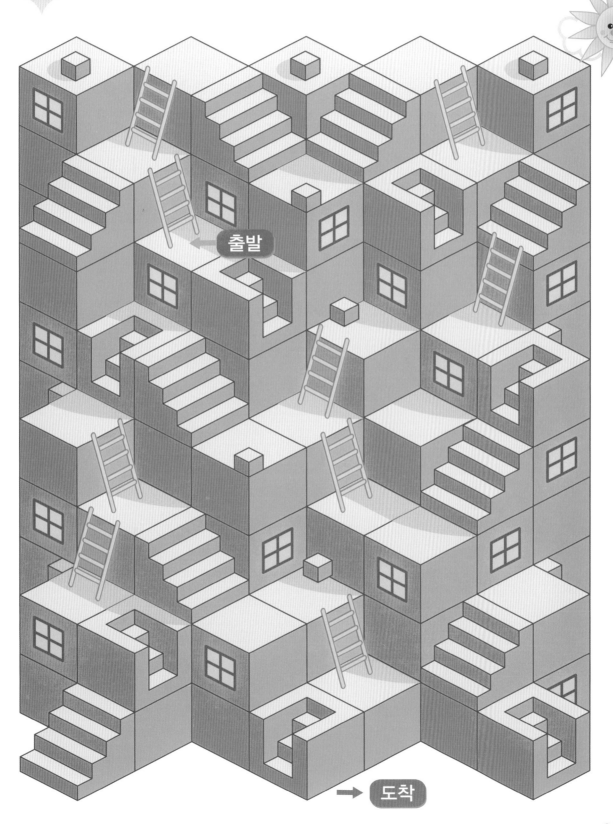

출발

도착

블록 퍼즐

Q 다음 각각의 블록의 갯수를 세어 보시오.

1

개	개
개	

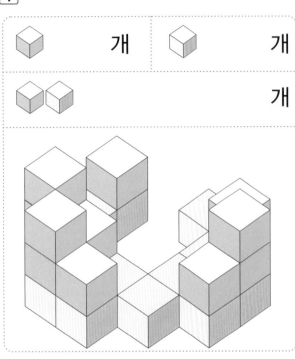

2

개	개
개	

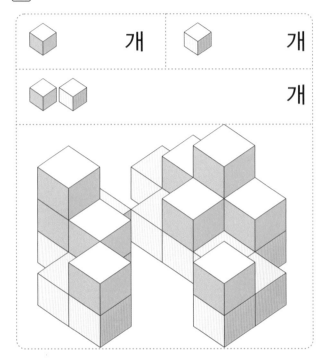

3

개	개
개	

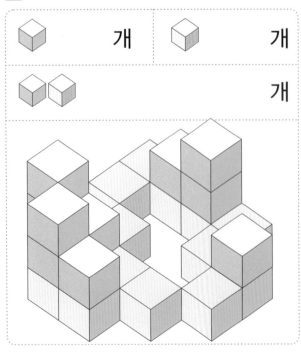

4

개	개
개	

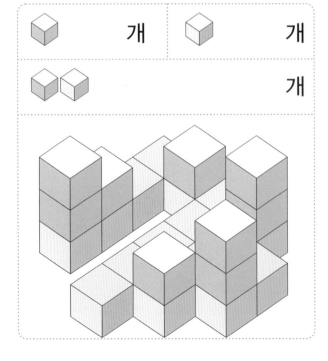

Q 아래 그림에서, 위의 그림과 다른 것을 7개 찾으시오.

공간 퍼즐

Q 그림의 좌우를 반대로 그려 보세요.

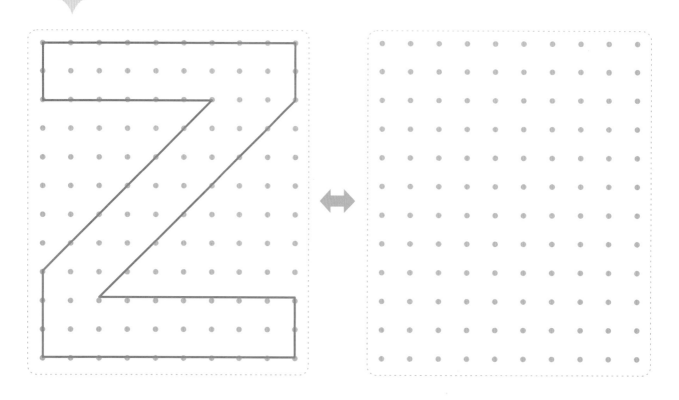

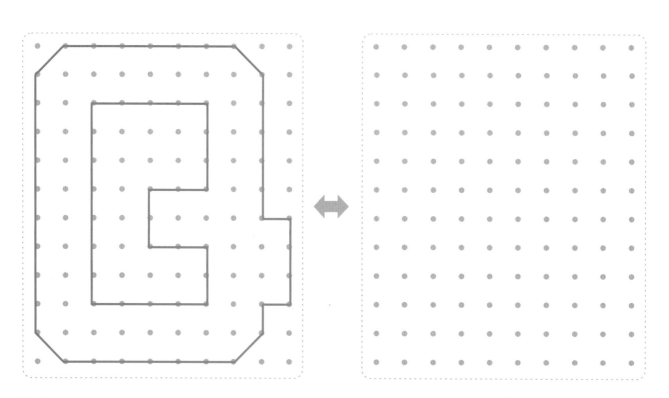

시간 퍼즐

Q 물음에 알맞은 시간을 쓰시오. 시계판에 장침과 단침을 그리시오.

보기

① 47분 후는?

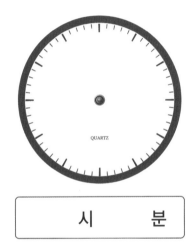

시   분

② 11시간 18분 후는?

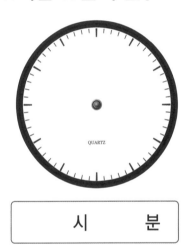

시   분

③ 4시간 55분 전은?

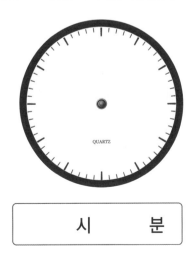

시   분

④ 15시간 51분 전은?

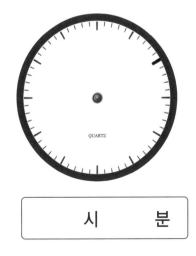

시   분

한자 퍼즐

Q ☐에 같은 한자를 두 칸에 넣고 사자성어를 만듭니다. (　)에 읽기도 씁니다.

보기

呼	眈	十	多	同	無	之	落	曰	自	傳	百
호	탐	십	다	동	무	지	락	왈	자	전	백

1　☐ 人인　☐ 色색　(　　　)　　☐ 兄형　☐ 弟제　(　　　)

2　感감 ☐ 德덕 ☐　(　　　)　　☐ ☐ 益익 善선　(　　　)

3　前전 ☐ 後후 ☐　(　　　)　　☐ 業업 ☐ 得득　(　　　)

4　虎호 視시 ☐ ☐　(　　　)　　☐ 可가 ☐ 否부　(　　　)

5　父부 ☐ 子자 ☐　(　　　)　　☐ 戰전 ☐ 勝승　(　　　)

6　☐ 苦고 ☐ 樂락　(　　　)　　☐ ☐ 長장 松송　(　　　)

Q 알맞은 그림자를 골라 보세요.

수리 퍼즐

Q 다음 돈의 합계를 계산해 보시오.

1

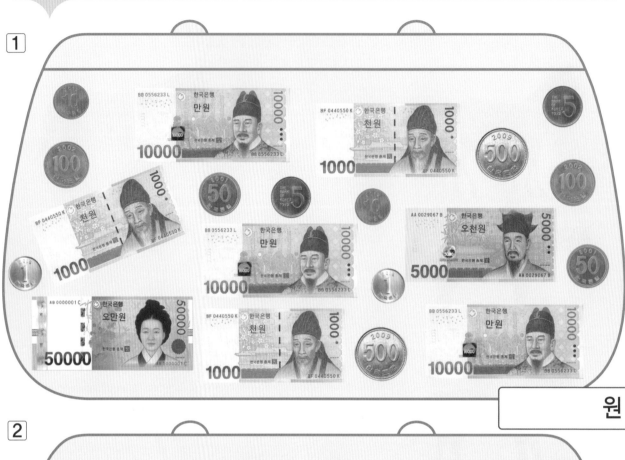

원

2

원

시간 퍼즐

Q 물음에 알맞은 시간을 쓰시오. 시계판에 장침과 단침을 그리시오.

보기

① 23분 후는?

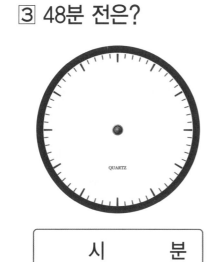

시	분

② 3시간 48분 후는?

시	분

③ 48분 전은?

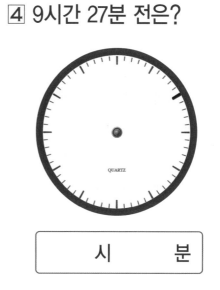

시	분

④ 9시간 27분 전은?

시	분

그림 퍼즐

Q 같은 모양끼리 선으로 연결해 봅시다.

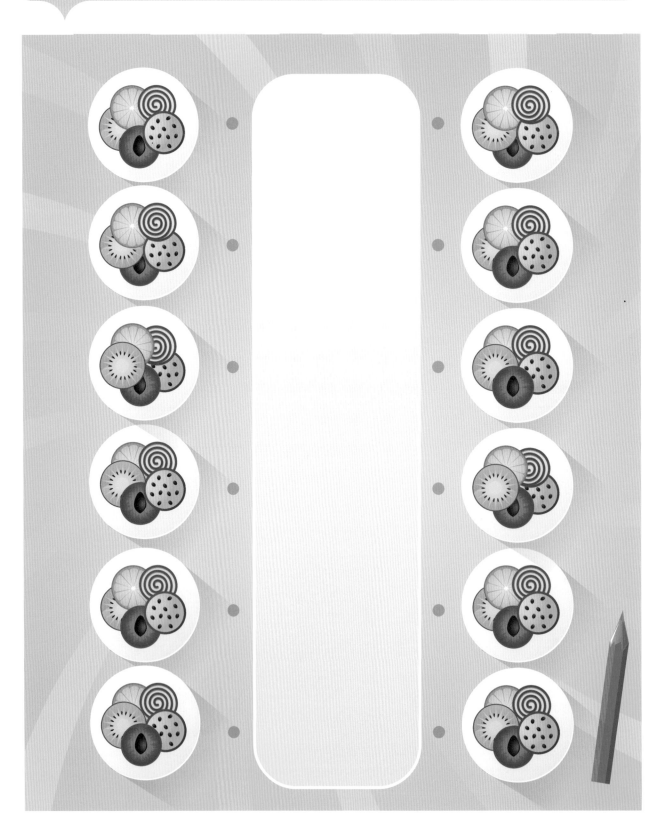

속담 퍼즐

Q 초성으로 우리 속담을 완성해 보세요.

1. 가 ㅈ 는 ㄱ ㅍ
   (   )

2. 하 ㄹ ㄱ ㅇ 지 ㅂ ㅁ ㅅ ㅇ 줄 ㅁ ㄹ ㄷ
   (   )

3. 한 ㅅ ㅂ 에 ㅂ ㅂ ㄹ 랴
   (   )

4. 핑 ㄱ ㅇ 는 ㅁ ㄷ ㅇ ㄷ
   (   )

5. 콩 ㅅ ㅇ 데 ㅋ ㄴ ㄱ ㅍ ㅅ ㅇ 데 ㅍ ㄴ ㄷ
   (   )

6. 누 ㅇ ㅅ ㅊ ㅂ ㄱ
   (   )

7. 쥐 ㄱ ㅁ ㅇ 도 ㅂ ㄷ ㄴ 이 ㅇ ㄷ
   (   )

8. 졸 ㅇ ㅇ 은 ㅇ 에 ㅆ ㄷ
   (   )

9. 윗 ㅁ ㅁ ㅁ ㅇ 야 ㅇ ㄹ ㅁ 도 ㅁ ㄷ
   (   )

10. 원 ㅅ ㄴ ㅇ ㄴ ㅁ ㄷ ㄹ 에서 ㅁ ㄴ ㄷ
    (   )

그림 퍼즐

Q 거울에 비친 모양을 찾아 짝지어 보세요.

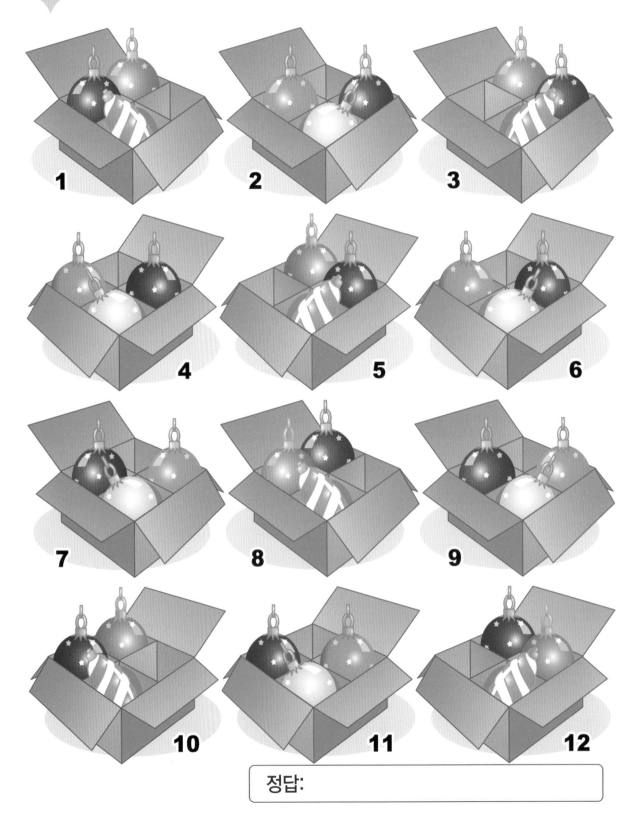

정답:

Q 초성으로 우리 속담을 완성해 보세요.

① 가 ㅈ ㅁ은 ㄴ ㅁ에 ㅂ ㄹ 잘 ㄴ ㅇ ㄷ
（　　　　　　　　　　　　　　　　　　）

② 낮 ㅁ은 ㅅ가 ㄷ ㄱ ㅂ ㅁ은 ㅈ가 ㄷ ㄴ ㄷ
（　　　　　　　　　　　　　　　　　　）

③ 돌 ㄷ ㄹ도 ㄷ ㄷ겨 ㅂ고 ㄱ ㄴ라
（　　　　　　　　　　　　　　　　　　）

④ 소 ㅁ ㄴ ㅈ ㅊ에 ㅁ ㅇ 것 ㅇ ㄷ
（　　　　　　　　　　　　　　　　　　）

⑤ 백 ㅈ ㅈ도 맞 ㄷ ㅁ ㄴ ㄷ
（　　　　　　　　　　　　　　　　　　）

⑥ 사 ㄱ ㅇ ㅁ ㅇ면 ㅂ가 ㅅ ㅇ로 ㅇ ㄹ ㄱ ㄷ
（　　　　　　　　　　　　　　　　　　）

⑦ 열 ㄱ ㅁ ㅅ은 ㅇ ㅇ도 ㅎ ㄱ ㅅ ㄹ ㅅ은 ㅁ ㄹ ㄷ
（　　　　　　　　　　　　　　　　　　）

⑧ 밑 ㅃ ㅈ ㄷ에 ㅁ ㅂ ㄱ
（　　　　　　　　　　　　　　　　　　）

⑨ 오 ㄹ ㅈ ㅁ할 ㄴ ㅁ ㄴ ㅊ ㄷ ㅂ ㅈ도 ㅁ ㅇ ㄹ
（　　　　　　　　　　　　　　　　　　）

⑩ 하 ㄴ ㅇ ㅁ ㄴ ㅈ도 ㅅ ㅇ날 ㄱ ㅁ 이 ㅇ ㄷ
（　　　　　　　　　　　　　　　　　　）

정답

1 일차

1 고등어 한 손=(2)마리
2 조기 한 두름=(20)마리
3 미역 한 뭇=(10)장
4 바늘 한 쌈=(24)개
5 기와 한 우리=(2,000)장
6 배추 한 접=(100)포기
7 보약 한 제=(20)첩
8 인삼 한 채=(100)근
9 오징어 한 축=(20)마리
10 북어 한 쾌=(20)마리
11 달걀 한 판=(30)개
12 종이 한 연=(500)장
13 김 한 톳=(100)장
14 명주 한 필=(40)자

4 일차

세종대왕 ㅏ ㅑ ㉠ ㅕ ㅗ ㅜ ㅞ ㅕ ㅠ
버스카드 ㅗ ㉠ ㅠ ㅗ ㅜ ㅞ ㅕ ㅡ ㅑ
허수아비 ㅖ ㅗ ㅜ ㅞ ㅠ ㅡ ㅠ ㉠ ㅣ
해수욕장 ㅏ ㅣ ㅠ ㅒ ㅗ ㅑ ㅐ ㅜ ㅖ
생일선물 ㅖ ㅗ ㅜ ㅏ ㅜ ㅒ ㅠ ㅠ ㅣ
훈민정음 ㅏ ㅑ ㅗ ㅕ ㅛ ㅖ ㅡ ㅜ ㅏ
금수강산 ㅑ ㅣ ㅏ ㉠ ㅣ ㅡ ㅠ ㅕ ㅐ
파인애플 ㅖ ㅕ ㅖ ㅠ ㅡ ㅣ ㅕ ㅖ ㅐ
귀뚜라미 ㅠ ㅡ ㅑ ㅖ ㅏ ㅡ ㅣ ㉠ ㅕ
백세시대 ㅛ ㅏ ㉠ ㅗ ㅜ ㅡ ㅑ ㅖ

2 일차

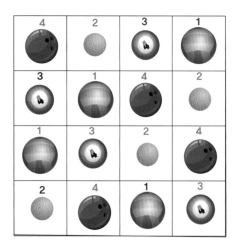

5 일차

17 26 카

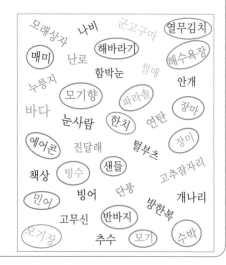

3 일차

날짜	국경일과 공휴일
1월 1일	새해 첫날
음력 1월 1일	설날
3월 1일	3 · 1절
음력 4월 8일	부처님오신날
5월 5일	어린이날
6월 6일	현충일
7월 17일	제헌절
8월 15일	광복절
음력 8월 15일	추석
10월 3일	개천절
10월 9일	한글날
12월 25일	성탄절

1
5 10 3 8
15 13 11
28 24
52

2
10 6 8 3
16 14 11
30 25
55

3
8 11 5 9
19 16 14
35 30
65

4
13 2 5 9
15 7 14
22 21
43

5
6 12 5 8
18 17 13
35 30
65

6
7 8 11 9
15 19 20
34 39
73

6 일차

고속도로
풍수지리
신사임당
애완동물
대한민국
백설공주
하루살이
동지팥죽
평양냉면
재활용품

모래상자 나비 군고구마 열무김치
매미 해바라기 난로 해수욕장
썰매 함박눈 안개
누룽지 모기향 파라솔 장마
바다 눈사람 한치 연탄
에어컨 진달래 샌들 장미
책상 빙수 고추잠자리
민어 빙어 단풍 개나리
고무신 반바지 방한복
모기장 추수 모기 수박

7 일차

1 사랑	8	6	1	2	8	4	3	7	9	5
2 물건	4	7	3	0	2	7	0	6	4	
3 여기	5	8	3	4	9	0	1	5	3	8
4 삼십사	3	1	7	3	9	1	6	8	1	
5 음악	7	5	8	6	2	4	1	9	7	3
6 그때	2	3	4	8	6	5	0	6	0	
7 상어	6	7	3	5	4	9	0	1	6	5
8 까치	3	0	8	9	3	9	1	7	1	
9 달다	3	9	4	2	1	3	8	5	2	8
10 일주일	2	3	6	3	4	1	3	7	0	

10 일차

8 14 9
7 **10** 13
11 6 12

1 88,785 원

2 144,330 원

12 14 8
10 **7** 13
15 9 11

8 일차

8+10 — 17 — 18-4
18-1 — 13 — 7+10
11+8 — 10 — 20-2
18-8 — 18 — 9+1
9+4 — 19 — 20-1
19-3 — 14 — 17-4
12+2 — 16 — 9+2
31-11 — 12 — 9+7
5+6 — 11 — 8+4
7+5 — 20 — 12+8

모래상자 나비 불고구미 동치미
매미 난로 함박눈 열무김치
누룽지 억새 매미
허수아비 안개
바다 파라솔 고드름
눈사람 참새 구두
피아노 진달래 탈북증 아카시아
책상 빙수 연탄 고추잠자리
빙어 고등어 단풍 개나리
수박 목도리 방한복
고무신 모기

9 일차

2시간 45분 후
1시간 50분 전
5시간 4분 후
1시간 43분 전

1
2
3
4

11 일차

1 朝三暮四
2 四面楚歌
3 前人未踏
4 三顧草廬
5 大器晩成
6 一石二鳥

12 일차

53 51 15 4 61
42 59 48 30 21
17 22 10 35 39
46 8 24 50 19
11 31 57 15
26 13 28
21 37 55 35
44 2

15 21 35

1 各自圖生
2 去頭截尾
3 改過遷善
4 三位一體
5 甲男乙女
6 佳人薄命

정답

13 일차

정답
A

800
1000 900
600 1200
300 100
500 600
200 800
1100

14 일차

[1]

39+13	34+18	73-21
26×2	13×4	28+24
22+30	(76-23)	5+47
61-9	67-15	43+9
85-33	29+23	53

[2]

11×4	23+21	50-6
78-34	88÷2	85-41
36+8	52-8	12+32
92-48	63-19	(31+14)
75-31	11+33	45

보기

정답: 7, 10, 12, 15

15 일차

1 12 39 10
7 44 42 20
5 (27)
40 33
52 51 △28
31
38 16 9 25 29
11 14 24
55
(27) 19 30
22
41 31 50 △28

| 27 | 28 | 31 |

[1] 5 시 50 분
[2] 5 시 56 분
[3] 8 시 47 분
[4] 1 시 30 분

16 일차

[1] 2

[2] 4

[1]
天野水上
問下流品
人

男孔孟父
君子女孝
孫

象有式
成形態
地便人

[2]
還復壯
次元來單
首老

世人外
之間民
時食
山

港出講
口食傳
戶浦入

[3]
品言通
動行方同
飛樂

朱蔘巾
粉紅顏海
島魚

風盜調
力強化自
要要

17 일차

[1] 정

[2] 행

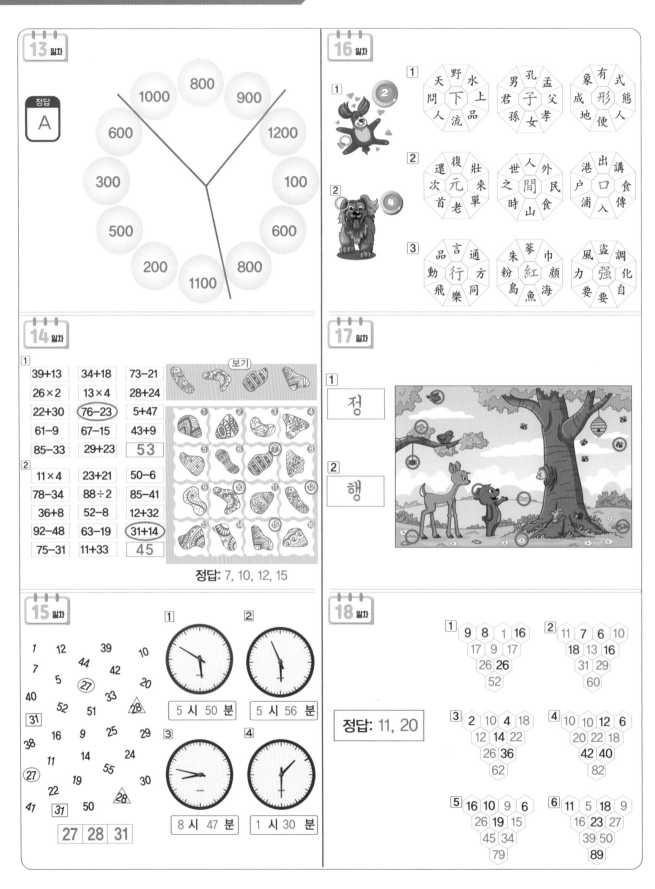

18 일차

[1]
9 8 1 16
17 9 17
26 26
52

[2]
11 7 6 10
18 13 16
31 29
60

정답: 11, 20

[3]
2 10 4 18
12 14 22
26 36
62

[4]
10 10 12 6
20 22 18
42 40
82

[5]
16 10 9 6
26 19 15
45 34
79

[6]
11 5 18 9
16 23 27
39 50
89

19 일차

 1 소

 2 처

1
```
        ┌─────────┐
        │   32    │
        └─────────┘
```

2

20

 20 일차

24-Q
ㅋ

1
1 2 3 4
3 5 7
8 12
20

2
2 5 6 4
7 11 10
18 21
39

3
7 3 5 1
10 8 6
18 14
32

4
8 9 2 4
17 11 6
28 17
45

5
5 3 7 8
8 10 15
18 25
43

6
3 4 8 9
7 12 17
19 29
48

21 일차

1 66 명
2 84 개
3 75 개
4 180 대
5 96 개
6 114 권

22 일차

1
5 10 3 8
15 13 11
28 24
52

2
10 6 8 3
16 14 11
30 25
55

3
8 11 5 9
19 16 14
35 30
65

4
13 2 5 9
15 7 14
22 21
43

5
6 12 5 8
18 17 13
35 30
65

6
7 8 11 9
15 19 20
34 39
73

23 일차

1
完全無缺
畫龍點睛
年功序列
難攻不落
破竹之勢

2
卓上空論
日就月將
切磋琢磨
結者解之
奇想天外

13-C
ㅠ

24 일차

1
過言事七作
猶行必縱心
不一歸七三
及致正擒日
私心筍剛罰

2
先切雨外信
公齒後柔賞
後腐竹內必

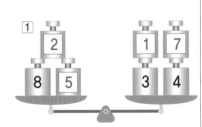
1
2 8 5 / 1 7 3 4

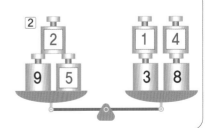
2
2 9 5 / 1 4 3 8

129

정답

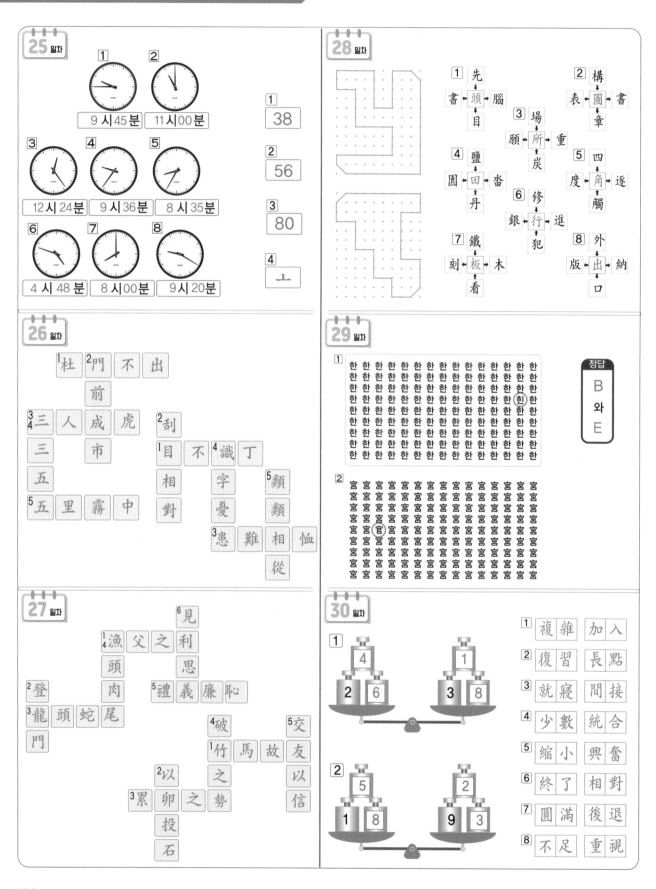

25 일차

1 9시45분	2 11시00분
3 12시24분	4 9시36분	5 8시35분
6 4시48분	7 8시00분	8 9시20분

1 38
2 56
3 80
4 工

26 일차

¹杜 ²門 不 出
前
³⁴三 人 成 虎　²刮
三　　市　¹目 不 ⁴識 丁
五　　　相　　字　⁵類
⁵五 里 霧 中　對　憂　類
　　　　　　　³患 難 相 恤
　　　　　　　　　　從

27 일차

　　　　　⁶見
¹⁴漁 父 之 利
　　頭　　思
²登　肉　⁵禮 義 廉 恥
³龍 頭 蛇 尾
門　　　⁴破　⁵交
　　　　¹竹 馬 故 友
　　　²以　之　以
　　³累 卵 之 勢　信
　　　投
　　　石

28 일차

1 先
書←頭→腦
　　目
2 構
表←圖→書
　　章
3 場
願←所→重
　　炭
4 鹽
圍←田→畓
　　丹
5 四
度←角→逐
　　觸
6 修
銀←行→進
　　犯
7 鐵
刻←板→木
　　看
8 外
版←出→納
　　口

29 일차

1 한(흰)

2 궁(官)

정답
B
와
E

30 일차

1 (저울)

2 (저울)

1 複雜　加入
2 復習　長點
3 就寢　間接
4 少數　統合
5 縮小　興奮
6 終了　相對
7 圓滿　後退
8 不足　重視

130

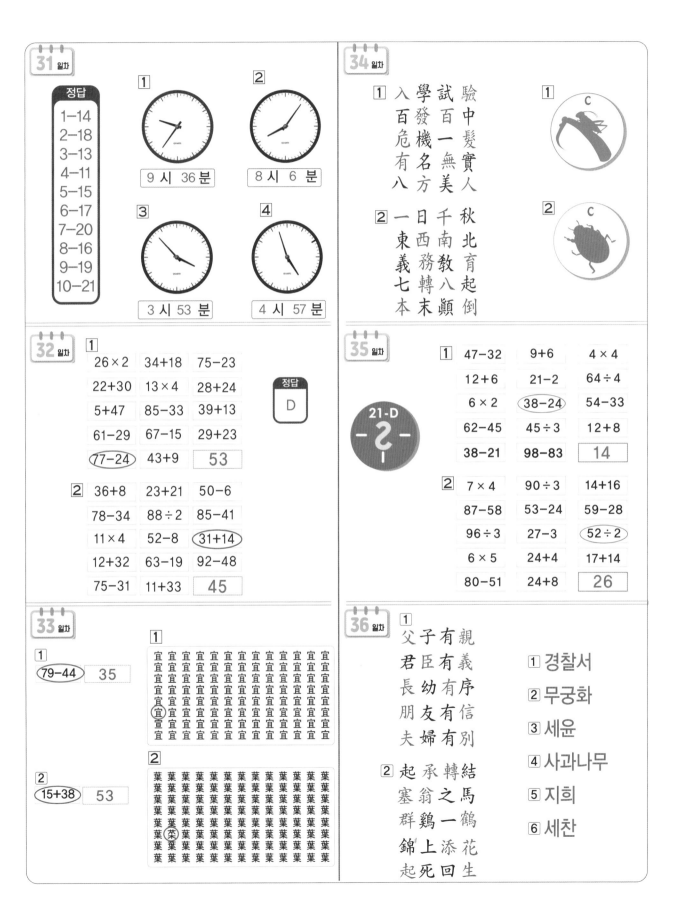

31 일차

정답

1-14
2-18
3-13
4-11
5-15
6-17
7-20
8-16
9-19
10-21

1 9 시 36 분

2 8 시 6 분

3 3 시 53 분

4 4 시 57 분

32 일차

1

26×2	34+18	75-23
22+30	13×4	28+24
5+47	85-33	39+13
61-29	67-15	29+23
(77-24)	43+9	53

정답
D

2

36+8	23+21	50-6
78-34	88÷2	85-41
11×4	52-8	(31+14)
12+32	63-19	92-48
75-31	11+33	45

33 일차

1
(79-44) 35

2
(15+38) 53

34 일차

1
驗中髮實人
試百一無美
學發機名方
入百危有八

千南教八顚
日西務轉顚
一東義七本

1 C

2 C

35 일차

1

47-32	9+6	4×4
12+6	21-2	64÷4
6×2	(38-24)	54-33
62-45	45÷3	12+8
38-21	98-83	14

21-D
2

2

7×4	90÷3	14+16
87-58	53-24	59-28
96÷3	27-3	(52÷2)
6×5	24+4	17+14
80-51	24+8	26

36 일차

1
父子有親
君臣有義
長幼有序
朋友有信
夫婦有別

1 경찰서
2 무궁화
3 세윤
4 사과나무
5 지희
6 세찬

2
起承轉結
塞翁之馬鶴
群鷄一花
錦上添生
起死回

37 일차

38 일차

22 30   41   43
  15   11   33
26   14   18   45
    24
16   5   48   13   31
     19   17   34   23
37   21
  50   30   36   27
  13   29
    12   43   28   24
20
  25   43   13 | 24 | 43

정답
1,
5,
7,
8,
10

39 일차

① 一騎當千
三遷之教
言語道斷
大義名分
自由奔放

정답
C

② 頂門一鍼
惡戰苦鬪
山海珍味
一片丹心
連戰連勝

40 일차

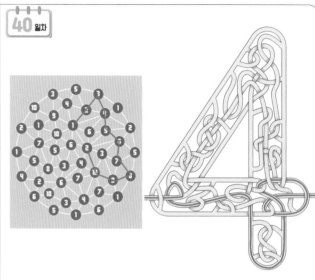

41 일차

① 11 시 28 분
  11 시 51 분

② 9 시 03 분
  4 시 58 분

③ 3 시 03 분
  4 시 22 분

④ 10 시 40 분
  1 시 05 분

⑤ 10시 48 분
  11 시 26 분

① 76-23 53

② 31+14 45

42 일차

走馬燈 出師表 酒煎子

平常心 下馬評 象牙塔

八不出 鐵面皮 骨董飯

千里馬 破廉恥 重且大

焦土化 清白吏 集大成

정답
B

E

43 일차

1 1시 00분 / 6시 35분
2 6시58분 / 2시 33분
3 10시 51분 / 3시 28분
4 4시 03분 / 4시 55분
5 9시 51분 / 1시 34분

1 清廉潔白
2 千載一遇
3 品行方正
4 十匙一飯
5 針小棒大
6 一魚濁水

46 일차

1 21분 24초
2 1시간 34분
3 1시간 28분 3초
4 1시 33분
5 3시 40분 55초

44 일차

三	昧	境	不	毛	地	相	思	病
上	樑	文	三	銃	士	不	夜	城
似	而	非	四	君	子	蜃	氣	樓
象	牙	塔	十	長	生	三	巴	戰
京	釜	線	松	竹	梅	守	錢	奴

정답
A
와
D

47 일차

1 E
2 D

1
2	3	1	4
4	1	3	2
3	2	4	1
1	4	2	3

2
3	4	2	1
2	1	3	4
1	2	4	3
4	3	1	2

3
2	4	1	3
1	3	2	4
3	1	4	2
4	2	3	1

4
4	3	1	2
2	1	3	4
3	4	2	1
1	2	4	3

45 일차

1 3 시00분 / 6 시 35분
2 6 시 58분 / 2 시 33분
3 11시 51분 / 3 시28분
4 5 시02분 / 4 시 55분
5 10시 51분 / 1 시34분

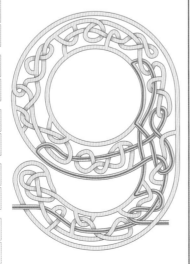

48 일차

1 10 시40분 / 1 시05분
2 9 시 03분 / 4 시 58분
3 3 시 03분 / 4 시22분
4 11 시 28분 / 11 시 51분
5 10시 53분 / 11 시 31분

1
2	4	3	1
3	1	2	4
1	3	4	2
4	2	1	3

2
1	4	3	2
3	2	1	4
2	3	4	1
4	1	2	3

3
1	4	3	2
2	3	4	1
4	1	2	3
3	2	1	4

4
1	2	3	4
4	3	2	1
2	1	4	3
3	4	1	2

정답

49 일차

① 4시 50분
1시 20분

② 10시 00분
3시 00분

③ 3시 45분
11시 05분

④ 11시 10분
11시 35분

⑤ 6시 20분
2시 30분

52 일차

① 79−44   35

② 15+38   53

정답
6, 7

50 일차

정답
1—11
2—7
3—13
4—6
5—16
8—14
9—12
10—15

① 新 陳 代 謝 來 石 說
② 興 盡 悲 之 利 之 西
③ 他 山 言 雪 石 說 功
④ 甘 言 雪 之 走
⑤ 螢 雪
⑥ 東 奔 西 走

(세로 읽기:
① 新陳代謝
② 興盡悲來
③ 他山之石
④ 甘言利說
⑤ 螢雪之功
⑥ 東奔西走)

53 일차

自畫自讚　感之德之
(자화자찬)　(감지덕지)

正正堂堂　右往左往
(정정당당)　(우왕좌왕)

前途洋洋　知彼知己
(전도양양)　(지피지기)

適材適所　是是非非
(적재적소)　(시시비비)

威風堂堂　自業自得
(위풍당당)　(자업자득)

橫說竪說　誠心誠意
(횡설수설)　(성심성의)

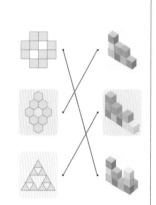

51 일차

① 實
② 兄
③ 色
④ 石
⑤ 雜
⑥ 聞
⑦ 明
⑧ 文

①
1	4	2	3
3	2	4	1
4	1	3	2
2	3	1	4

②
2	1	3	4
4	3	1	2
1	2	4	3
3	4	2	1

③
4	2	1	3
1	3	4	2
3	1	2	4
2	4	3	1

④
1	4	2	3
2	3	1	4
3	2	4	1
4	1	3	2

54 일차

① 12개　16개　11개　16개　28개

② 27개

③ 10개　13개　23개

④ 8개　14개　22개

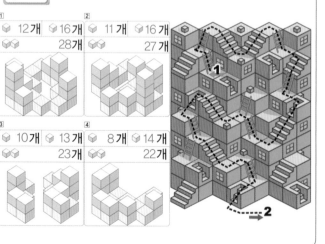

134

55 일차

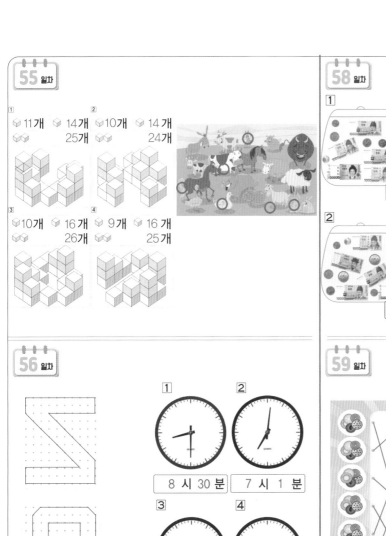

① 🔲 11개 🔲 14개 ② 🔲 10개 🔲 14개
🔲 25개   🔲 24개

③ 🔲 10개 🔲 16개 ④ 🔲 9개 🔲 16개
🔲 26개   🔲 25개

56 일차

① 8 시 30 분   ② 7 시 1 분

③ 2 시 48 분   ④ 3 시 52 분

57 일차

① 十人十色   呼兄呼弟
  (십인십색) (호형호제)

② 感之德之   多多益善
  (감지덕지) (다다익선)

③ 前無後無   自業自得
  (전무후무) (자업자득)

④ 虎視眈眈   曰可曰否
  (호시탐탐) (왈가왈부)

⑤ 父傳子傳   百戰百勝
  (부전자전) (백전백승)

⑥ 同苦同樂   落落長松
  (동고동락) (낙락장송)

58 일차

① 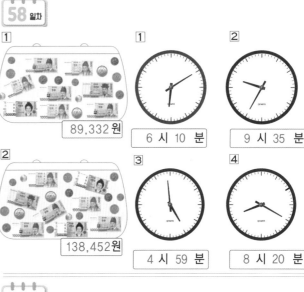 89,332 원

② 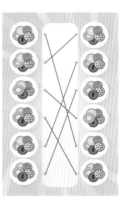 138,452원

① 6 시 10 분   ② 9 시 35 분

③ 4 시 59 분   ④ 8 시 20 분

59 일차

① (가제는 게편   )
② (하룻강아지 범 무서운 줄 모른다)
③ (한술 밥에 배부르랴   )
④ (핑계 없는 무덤 없다   )
⑤ (콩 심은 데 콩 나고 팥 심은 데 팥 난다)
⑥ (누워서 침 뱉기   )
⑦ (쥐구멍에도 볕 들 날이 있다   )
⑧ (좋은 약은 입에 쓰다   )
⑨ (윗물이 맑아야 아랫물도 맑다   )
⑩ (원수는 외나무다리에서 만난다)

60 일차

정답
1-5,
2-11,
3-10,
4-9,
6-7,
8-12

① (가지 많은 나무에 바람 잘 날 없다   )
② (낮말은 새가 듣고 밤말은 쥐가 듣는다)
③ (돌다리도 두들겨 보고 건너라)
④ (소문난 잔치에 먹을 것 없다   )
⑤ (백지장도 맞들면 낫다   )
⑥ (사공이 많으면 배가 산으로 올라간다)
⑦ (열 길 물 속은 알아도 한 길 사람 속은 모른다   )
⑧ (밑 빠진 독에 물 붓기   )
⑨ (오르지 못할 나무는 쳐다보지도 말아라)
⑩ (하늘이 무너져도 솟아날 구멍이 있다)

사진 출처   게티이미지뱅크 (http://www.gettyimagesbank.com)

게티이미지뱅크 - 9쪽, 15쪽(공), 23쪽(시계), 36쪽, 39쪽, 40쪽, 46쪽, 48쪽, 66쪽, 73쪽, 78쪽, 79쪽, 81쪽, 82쪽, 85쪽, 96쪽, 98쪽, 104쪽, 109, 113쪽, 115쪽, 119쪽, 115쪽, 122쪽, 124쪽,(그림)

집중력 높이는 두뇌 게임 **뇌 똑똑 퍼즐**

1판 1쇄 인쇄 | 2022년 11월 25일

엮은이 | (주)교학사 두뇌트레이닝연구소
펴낸이 | 양진오
펴낸곳 | (주)교학사
편집 | 박규서
표지 디자인 | 이송미

출판 등록 | 1962년 6월 26일 (제18-7호)
주소 | 서울특별시 마포대로 14길 4 (공덕동)
전화 | 편집부 02)707-5283, 영업부 02)707-5147
팩스 | 편집부 02)707-5250
영업부 02)707-5160
홈페이지 | http://www.kyohak.co.kr

ⓒ (주)교학사 2022

※ 이 책에 실린 그림 · 사진 · 내용 등을 저작권자의 동의 없이
   복사하거나 전재할 수 없습니다.

정가 13,000원
ISBN 978-89-09-54934-9   13690